JOHANNA SCHUCHTER
SO WAR ES IN SALZBURG

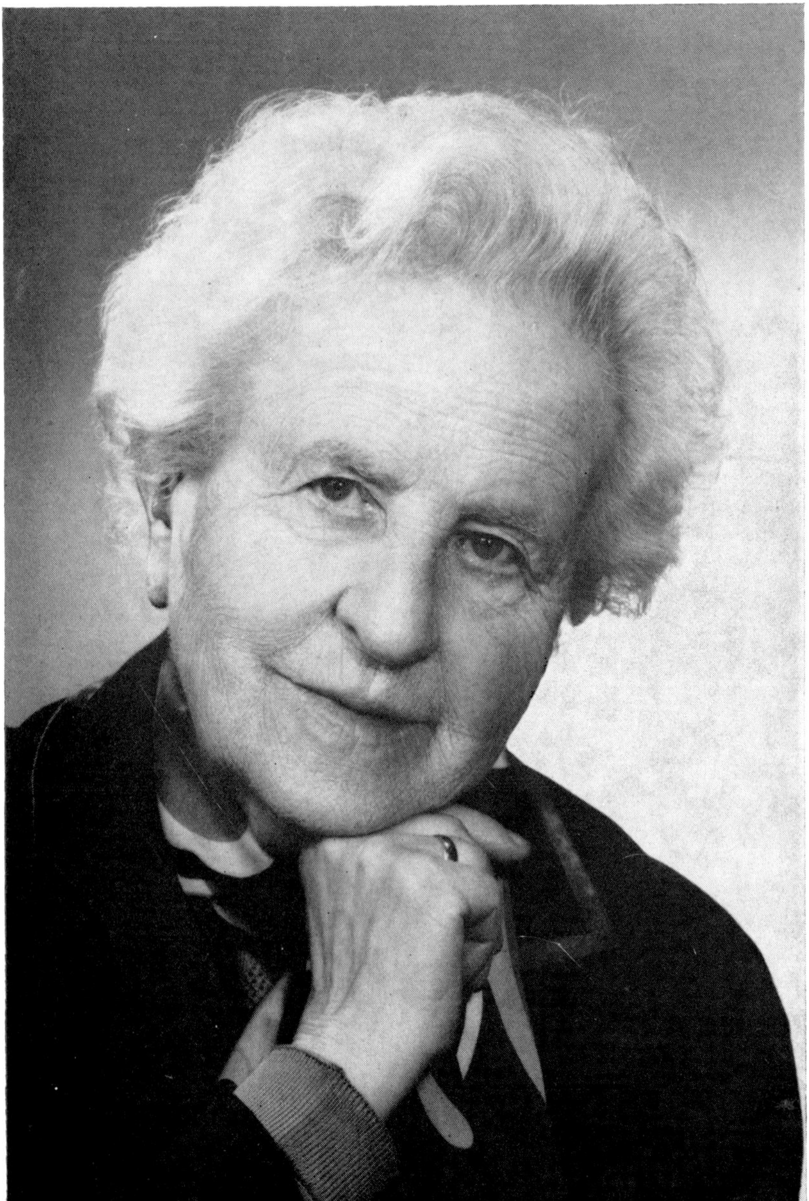

JOHANNA SCHUCHTER

So war es in Salzburg

Aus einer Familienchronik

VERLAG DER SALZBURGER DRUCKEREI

2., durchgesehene Auflage

© 1977 by Verlag der Salzburger Druckerei
Printed in Austria. — Alle Rechte vorbehalten
Druck: Salzburger Druckerei
Umschlag: Peter Schneider
ISBN 3-85338-118-9

Am Ludwig-Viktor-Platz

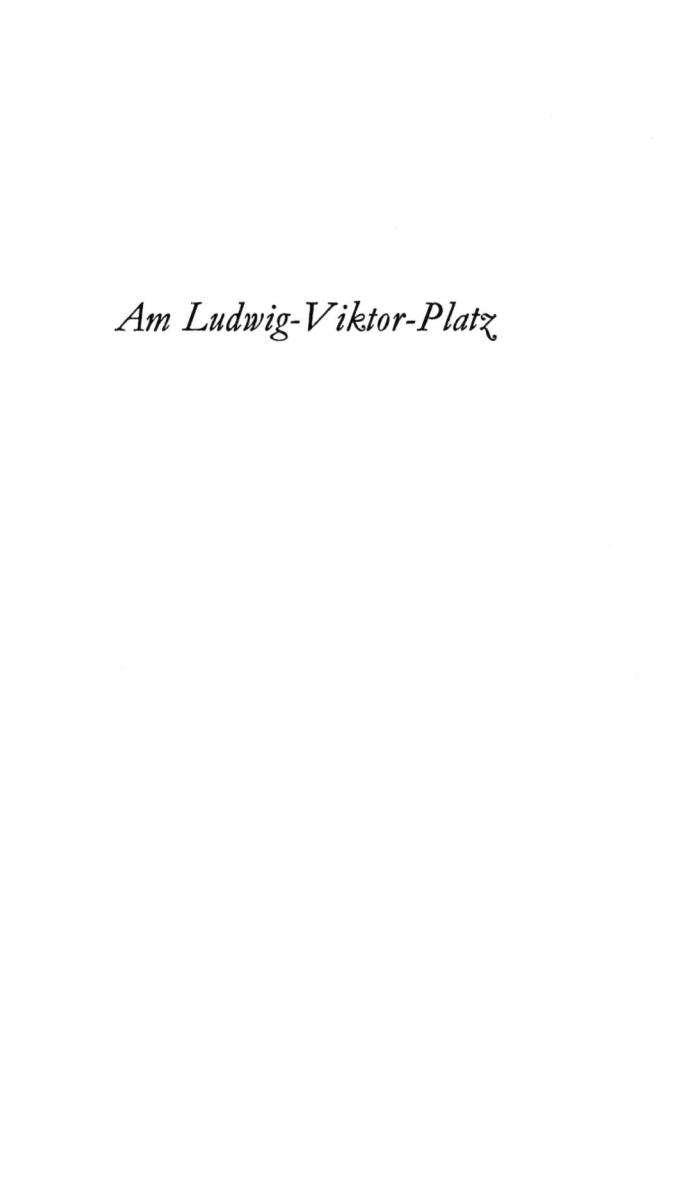

Mein Geburtshaus stand nicht in Salzburg, sondern in dem einst so idyllischen Marktflecken Zell am See. Es war ein charakteristisches altes Zeller Haus mit dem Gottsohn unter dem weit vorspringenden Giebeldach. Rechts und links war es vom Gasthof Lebzelter und vom Weißgärberhaus flankiert, die ihrerseits Gott Vater und den Heiligen Geist in Gestalt einer Taube abgebildet hatten. Denn die Gasse hieß Dreifaltigkeitsgasse. Die braunen Holzumrahmungen der Fenster und die Oleander vor dem Hause sind meinem Gedächtnis noch heute eingeprägt. Auch das gegenüberliegende Gärtchen, in dem ich, behütet von dem Kindermädchen Kathi, als Jüngste unter sechs Geschwistern oft spielte.

Meine Mutter habe ich nie gekannt. Sie starb im Alter von 32 Jahren, als ich eineinhalb Jahre alt war.

An einem eisklaren Wintertag stand einmal ein Schlittengespann vor unserem Hause, zu dem Kathi mich, in ein dickes Mäntelchen gehüllt, rasch hinführte. Dort packte sie mich in Decken und Felle fest an die Seite des Vaters, so daß ich wie eine Puppe steif neben ihm saß. Ich dürfe jetzt, sagte Kathi, mit ihm über den zugefrorenen See nach Thumersbach fahren. Als ich sah, wie sie abschiedwinkend beim Haus zurückblieb, war ich von aufregendem Staunen erfüllt und fast dem Weinen nahe. Doch schlug es in jauchzendes Lachen um, als die Pferde auf der glatten Eisfläche feurig hinausgaloppierten und der Vater mich im sausenden Schlitten an sich gepreßt hielt. Da wurde mir plötzlich bewußt, wie zärtlich ich ihn liebte. Ich sah, daß seine Augen blau waren, und daß auf seinem Schnurrbart kristallener Reif lag. Jetzt nannte er die Namen der umliegenden Berge, und ich konnte sie zum erstenmal erkennen: das Steinerne Meer und jäh hinter uns das Kitzsteinhorn. Es ist alles noch mit Zell am See verbunden, was in mein viertes und fünftes Lebensjahr zurückreicht: Die gegen den Wald ansteigende Himmelpointwiese, auf der ich so emsig

Schlüsselblumen pflückte — ich warf sie in Kathis Schürze, wenn meine kleine Hand sie nicht mehr umspannen konnte — oder die mit Schellengeklingel weidenden Kühe auf der Alm, auf der ich mit Kathi und meiner vier Jahre älteren Schwester einige Sommerwochen verbrachte. Dann die Schmittenhöhe, zu der wir sonntags den steilen Weg hinaufkraxelten. Immer wurden wir dann im Hotel mit Kuchen und Schokolade bewirtet, weil die Schmittenhöhe früher unserem Vater gehört hatte, der Zells Bürgermeister und Landtagsabgeordneter war, wie man uns erklärte.

Eine Erinnerung an den Großvater wacht in mir auf. Er besaß den riesigen Vogtturm mit dem darangebauten Wohnhaus auf dem Marktplatz. Die Mitte des Platzes zierte in meiner Kindheit ein entzückender alter Steinbrunnen. Mir ist, als sähe ich jetzt noch den weißhaarigen beweglichen Mann oft an die Marmorschale dieses Brunnens gelehnt oder mit einem Glas einen Strahl des plätschernden Wassers auffangen.

Ungemein aufregend war für mich kurz nach meinem fünften Geburtstag der Besuch einer fremden Frau, die eines Tages mit dem Vater zu uns in den Garten gekommen war. Sie hatte uns Kindern freundlich die Hand gegeben und mich in einem ungewohnten Tonfall gefragt: „Willst du mit mir nach Südtirol?" Obwohl ich nicht verstand, was diese Frage bedeuten sollte, spürte ich in jenem Augenblick, daß etwas Neues auf mich zukam. Meine Geschwister sorgten erregt dafür, es auszuschmücken und sagten, wie schön und warm und reich an Trauben und Früchten das Land sei, in das ich nun käme. Auch wurden fieberhaft neue Kleidchen und Schürzen für mich genäht.

Als ich dann im September mit dem Vater und der mich bemutternden ältesten Schwester am Zeller Bahnhof den Zug bestiegen hatte, winkten mir alle noch und riefen mir zu: „Im Sommer kommst du ja wieder!"

Doch für immer kam ich nie wieder. Ich sah von da ab Zell am See, meinen Vater und die Geschwister nur noch als Ferienbesuch.

Benjamin K., ein wohlhabender Gutsbesitzer aus Südtirol, der meinen Vater seinen besten Freund nannte, hatte mich für ein Jahr zu sich nach Salurn eingeladen. Er hatte nur eine erwachsene Tochter aus erster Ehe, seine zweite Ehe war kinderlos geblieben. Da er mich ungemein liebgewann, bedrängte er meinen Vater nach den ersten Sommerferien, mich ein zweitesmal nach Südtirol holen zu dürfen.

Als ich siebenjährig ein drittesmal nach Salurn gebracht wurde, traf ein paar Wochen später die furchtbare Nachricht ein, daß mein geliebter Vater im Alter von 51 Jahren nach einer schweren Krankheit gestorben war. Heiße Tränen vergießend, lief ich in= Benjamin K.s Arme. Da drückte er mich an sich und sagte tief= bewegt: „Hannele, jetzt bleibst du für immer bei uns!"

Damit wurde gleichsam ein Vorhang vor alles Bisherige gezogen. Ich verbrachte nun Schul=, Jugend= und Institutsjahre in Südtirol. Eigentlich war es mir ja schon in den zwei Jahren zu etwas innerlich Zugehörigem geworden. Allmählich war ich aber so unlösbar mit diesem Stück Erde verbunden, daß die Erinnerung daran noch in späten Jahren oft Heimweh in mir wachrief. Deshalb drängte es mich eines Tages, das Freud= und Leidvolle des Gewesenen und Erlebten niederzuschreiben. Ich konnte es nun in gereifter und weiserer Sicht tun und nannte diese Schilderung „Bei der Salurner Klause", weil Salurn nur wenige Kilometer entfernt lag.

Ich hatte Südtirol endgültig verlassen, als ich kurz nach meinem zweiundzwanzigsten Geburtstag an einem Maientag, jungver= heiratet, in das alte Haus am Ludwig=Viktor=Platz zog. So hieß damals zu Ehren des in Kleßheim residierenden Bruders des Kaisers der Alte Markt in Salzburg. Es war das fünfstöckige Haus Nr. 4. Seit über hundert Jahren gehörte es der Bank für Ober= österreich und Salzburg.

Die Steinstiege, die vom Eingang in der Brodgasse zu dem von uns bewohnten zweiten Geschoß führte, war stockfinster. Ein paar Meter vor dem gegen die Goldgasse zu gelegenen Schlafzimmer ragte die düstere Mauer des Sparkassengebäudes. Hier drang auch zu Mittag kaum ein Sonnenstrahl bis an die Scheiben. Ich erschrak darüber ein wenig, hatte ich doch bis dahin in einem Haus gelebt, das inmitten von Weingärten lag. Doch waren mir zuliebe die Ordinationsräume meines Mannes gegen die Goldgasse gelegt worden, und ich konnte mich nun über die drei hellen vorderen Zimmer freuen. Von ihren Fenstern aus sah ich auf den reizenden Florianibrunnen und hörte sein Plätschern. Das Gegenüber bildeten mit geradem Sims und ohne Giebel die altsalzburgischen Häuser neben dem Café Tomaselli.

Ich war noch fast ein Kind, als mir einmal eine Italienerin aus den Handlinien die Zukunft deutete und prophezeite, ich würde einen Witwer mit Kindern heiraten. Damals protestierte ich heftig und lachte die Wahrsagerin aus. — Doch hatte sich diese Voraussage nun doch an mir erfüllt.

So machte ich mich also in dieser neuen Umwelt an die mir noch fremdartigen Aufgaben heran, und es steht mir heute noch vor Augen, wie unbedenklich ich es tat: Wie rosig=seherisch ich auch an das Wagnis der Erziehung von zwei Kindern, elf= und drei=zehnjährig, heranging. Doch hatten sie durch die Freude und den herzlichen Ton, mit dem sie mich nach unserer Rückkehr von der Riviera bei meinem Einzug empfingen, sehr dazu beigetragen. Sie hießen Gitta und Franzl.

Die Köchin Sabina, die mit einem Stubenmädchen bis dahin den frauenlosen Haushalt geführt hatte, beargwöhnte alles Neue, was so unvermutet in den Haushalt hereinbrach, und da ich ihren Argwohn fühlte, strebte ich nach einiger Zeit eine Trennung an. Ihre Nachfolgerin war das Küchenmädchen Anna aus der erz=herzoglichen Hofhaltung in Kleßheim. Sie hatte ihre Lehrzeit eben beendet, und ein Stellenwechsel war damals für beide Teile so ein=fach. Man ging, wenn man, so wie wir, am Ludwig=Viktor=Platz wohnte, meist zur schräg gegenüberliegenden Dienstvermittlung des Fräulein Starzinger, trug diesem Salzburger Original mit dem spitzen, altjüngferlichem Wesen seine Wünsche vor und wunderte sich jedesmal über ihre Berufserfahrung, mit der sie sofort heraus=fand, wer zu wem paßte. Nun, Anna paßte gut zu uns, denn es gefiel uns, daß sie aus der Schule eines renommierten Küchenchefs kam. Nicht nur, weil wir Wert auf gute Küche legten, sondern auch, weil wir nun zu manchen Einladungen verpflichtet waren. Das Vielerlei der damals noch üblichen Tafeleien, die so wichtig genommen wurden, kostete mich immer einiges Kopfzerbrechen. Aber Anna, die ihrem Küchenchef alles Mögliche abgeguckt hatte, wußte immer Rat. Die Kreise, in denen wir damals verkehrten, mischten sich aus Ärzten, Patienten meines Mannes und aus Schlaraffen, obwohl er selbst kein Schlaraffe, sondern als deren Gast nur „elender Pilgrim und Erdenwurm" war.

Mir war Salzburg nicht ganz unbekannt, ich hatte sogar eine starke innere Beziehung zu dieser Stadt, die Hermann Bahr in seinem „Selbstbildnis" die Stadt seiner Seele nennt. Ein paar Jahre zuvor war ich zu vorübergehendem Aufenthalt hier gewesen und hatte zum erstenmal eine Mozartoper gehört. Obwohl ich von Musik nichts verstand, saß ich verzaubert in „Figaros Hochzeit" und hörte mir mit mühsam erspartem Taschengeld diese Oper noch zweimal an. Diese Melodien und Arien versetzten mich in eine bis dahin ungekannte herrliche Welt. Tage= und wochenlang tönte damals in den alten Gassen und Plätzen diese Musik in mir.

Am Ludwig=Viktor=Platz verlebte ich nun jene unbeschwerten Jahre vor dem Ersten Weltkrieg, die ich als harmonische und heitere und nicht zuletzt als glückbringende im Gedächtnis habe, weil in jenen Zeitraum auch die Geburt meiner ersten zwei Kinder fällt, die von ihren Halbgeschwistern mit Freude begrüßt wurden.

Auf unseren alljährlichen Urlaubsreisen sah ich im letzten Glanz einer zu Ende gehenden Epoche und in dem ewig scheinenden Frieden viele Länder und Städte Europas, Paris, London, Brüssel, Italien, Prag, Budapest u. a.

Ungemein lebhaft steht mir eine Dalmatienreise vor Augen. Dalmatien galt im alten Österreich als unerschlossenes Land ohne nennenswerten Fremdenverkehr, in dem es kaum einen Gasthof gab, in dem man hätte übernachten können. Diese Unberührtheit verlieh ihm jedoch einen eigenen Zauber. Primar v. Karajan, mit dem wir befreundet waren, teilte diese Vorliebe für noch wenig bereiste Länder, und so bestiegen wir mit ihm ein Schiff, das uns die dalmatinische Küste entlang fuhr. In der Tat nahm uns die geschilderte Eigenart des Landes mit der Melancholie seiner ver= wilderten Gärten, seiner verfallenen Paläste und Klöster an den einsamen Meeresufern sofort gefangen. Wir hatten uns für diese Reise das eben in zweiter Auflage erschienene Buch „Dal= matinische Reise" von Hermann Bahr gekauft. Des Abends las ich in dem Buch und empfahl es auch meinen Reisegefährten zur Lektüre. Ich fand es interessant und originell. Heute wundere ich mich über mein damaliges Urteil. Durch die Maßlosigkeit der An= griffe auf die österreichische Verwaltung erschöpft sich das Buch nahezu in zersetzender Ironie. Ich ahnte auf jener Reise noch nicht, daß ich bald zum Freundeskreis des seit kurzem in Salzburg lebenden Hermann Bahr gehören und ihn auch von einer anderen Seite kennenlernen würde. Es geht uns übrigens im Leben oft so: ein Buch, das einst entzückte, stellt man später oft enttäuscht in die Bücherreihe zurück. Geschmack und Ideale haben sich gewandelt, Geist und Herz sind gereift.

Als wir jene Dalmatienreise unternahmen, standen wir wenige Jahre vor dem Ausbruch des Ersten Weltkrieges. Besonders in Cattaro, dem einstigen österreichischen Kriegshafen, wehte uns etwas wie Kriegsluft entgegen. Vielleicht war es auch eine Gedankenverbindung mit dem Inhalt von Artikeln in der in= und ausländischen Presse. Ein Nachklang vielleicht auch der Gespräche mit einem Neffen aus der Sappeurakademie, der einmal seine Weihnachtsferien bei uns verbrachte. Er liebte es, unaufhörlich zu dozieren, von der drohenden serbischen Rüstung, von den Verschwörungen in den südslawischen Gebieten, von der historischen Entscheidung, der wir entgegengingen... Er besaß eine abenteuerliche Kampflust und war als Soldat erzogen; da er überdies kaum den Knabenschuhen entwachsen war, urteilte er selbstherrlich und brannte darauf, sozusagen den Säbel zu ziehen. Aber Krieg — das war für uns damals etwas aus einem längst vergangenen Zeit= alter; deshalb nahmen wir das Gerede darüber nie ernst.

In diesen Jahren der Atempause, in denen der Krieg noch glücklich vermieden wurde, hatte das damals noch kleinstädtisch zu nennende Salzburg ein friedlich=heiteres Antlitz.

Vor dem Regierungsgebäude, in dem der in Salzburg „Landes= präsident" genannte kaiserliche Statthalter und die Landesbe= hörden amtierten, zog täglich eine Wache auf. Über den Giebeln und Dächern erklang vom Türmchen der Residenz die tägliche Melodie des Glockenspiels, der um 11 Uhr vormittags und um 6 Uhr abends die Fremden, geschart um einen der schönsten Brunnen der Welt, gespannt lauschten. Auf der Residenz, in der der Großherzog von Toskana residierte, lag noch ein Hauch höfischer Atmosphäre. Tag und Nacht stand auch dort ein Posten. — Ging ein Mitglied der kaiserlichen Familie durch die Straßen und wurde erkannt, so sanken manche Damen zu einem tiefen Knicks förmlich in sich zusammen, Zivilisten standen stramm und rissen den Hut vom Kopf, Offiziere schlugen die Haken zu= sammen. Ihre kleidsamen Uniformen belebten die Gassen und

Kaffeehäuser der Stadt, Salzburg war damals Garnison eines Infanterie= und Artillerieregimentes. Da es noch keine parkenden Autos, sondern nur Fiaker und die vom Ludwig=Viktor=Platz zum Bahnhof bimmelnde Elektrische gab, strahlten die alten Plätze noch ihren ganzen stimmungsvollen Zauber aus. Der reiche Adel wohnte in Villen und Schlössern der Umgebung. Wenn die Equipagen in die Stadt kamen, erkannte man meist schon an den herrschaftlichen Kutschern und an den Pferden, wer die Insassen waren.

So war es damals in Salzburg, man begegnete mehr bekannten als fremden Gesichtern. Die Bevölkerung bildete eine gewisse Ein= heit, auch die Ärzte waren noch ein enger Kreis von Kameraden. Ich kann das Rätsel nicht erklären, warum damals die Menschen trotz angestrengter Arbeit mehr Zeit hatten, sich der sorglosen Lebensfreude hinzugeben. Verglichen mit den heutigen Empfängen und den zur Mode gewordenen „Parties" — die ein Aristokrat aus dem alten Österreich einmal „die fade Stehjausn" nannte — waren vielleicht die Geselligkeiten bescheidener, doch von einer be= schwingteren Festlaune getragen. Man war sehr theaterfreudig; viele — auch wir — hatten ständige Logensitze im Theater, Familien mit größeren Räumen hatten ihre regelmäßigen Jours, von denen mir am deutlichsten der bei Exzellenz Stibral am Giselakai 39 im Gedächtnis geblieben ist.

Die Gesellschaftskultur jener Jahre hat sich längst aufgelöst. — Das Paradoxe unserer Zeit ist, daß wir trotz aller zeitsparenden Erfindungen, trotz der unermüdlichen Produktion immer schneller fahrender Züge und Autos, in der Schauer erregenden Zauberära des Computers immer weniger Zeit für geruhsame Dinge haben! Klingt es nicht heute fast wie ein Märchen, daß ein vielbeschäftigter Chirurg und Primarius am St.=Johanns=Spital sich damals noch Zeit nahm, bei sich, bei Freunden und bei uns mit verteilten Rollen klassische Theaterstücke zu lesen? Es war eine Leidenschaft von Primar von Karajan. Auch im Theater hatte er seinen bevorzugten Platz in der ersten Reihe, im Mozarteumsorchester blies er ehren= halber Klarinette, und als mein Mann zu Ehren irgendeines Präsi= denten der Ärztekammer ein Kasperltheater in Reimen dichtete, führte Karajan natürlich Regie und teilte mir in diesem Stück und in einem weiteren Lustspiel, dessen Titel mir entfallen ist, eine Rolle als seine Partnerin zu.

Dieser Theatersinn hatte sogar die beiden Französinnen er=
griffen, die in der Familie Karajan und bei uns die ungefähr gleich=
altrigen Kinder betreuten. Sie beschlossen, uns mit einer „Petite
Soirée enfantine" zu überraschen. Auf einem mit „Schönschreibe=
schrift" verfaßten Programm, das ich jetzt noch unter alten Papieren
fand, stehen die Personen der „Comédie en 4 actes": Gertrud und
Edith Schuchter, Wolfgang und Herbert Karajan; der fünfjährige
Herbert als „le futur artiste", der mit einem Violinstück paradierte,
und unsere vierjährige Edith, die dem Publikum als „l'éloquente
petite comédienne" vorgeführt wurde. Wie ihr Altersgenosse
Herbert das Künstlertum hatte sie frühzeitig Eloquenz bewiesen.
Als nämlich die nicht deutschsprechende Französin in unser Haus
kam, war Ediths Vater der irrigen Meinung, ein dreijähriges Kind
müßte erst richtig Deutsch erlernen, ehe es eine fremde Sprache zu
hören bekommt. Ich bat daher die Französin, sich anfangs nur mit
dem größeren Kind zu befassen. Aber nach fünf bis sechs Wochen
belehrte uns Edith eines Besseren: sie plauderte nach, was sie zu
hören bekam, und drückte sich gewandter aus als ihre ältere Schwester
aus. Das Fräulein hörte sie sogar im Traum französisch sprechen,
und wenn sie uns später manchmal eine deutsch beginnende kleine
Geschichte erzählte, endete sie oft französisch, weil sie aus diesem
neuen Wortschatz mehr herauszuholen verstand.

In einem ungewöhnlichen Gefühl des Friedens ahnten wir noch
nicht, daß bald eine Zeit anbrechen sollte, in der jeder französische
Laut in der Stadt verpönt sein würde!

Aber ehe ich von jenem düsteren Anbruch zu erzählen beginne,
will ich noch einmal die heitere Festlichkeit erwähnen, die in jenen
Jahren Salzburg einen besonderen Glanz verlieh. Es muß eine Art
Morgenröte der zukünftigen Festspiele gewesen sein, die ich bald
nach meiner Verheiratung erlebte. Unmöglich könnten sonst die
damaligen Mozartopern nach so langer Zeit wie leuchtende Sterne
in meiner Erinnerung stehen. Ich glaube, daß schon 1906 eine
großartige Don=Giovanni=Aufführung unter Gustav Mahler statt=
fand, auch Richard Strauss dirigierte meines Wissens ein Konzert.
Die Jahre 1909 und 1910 waren Höhepunkte der nun üblichen
Musikfeste gewesen. Mir ist noch die Loge in Erinnerung, in der
wir saßen, wo ich überwältigt zum erstenmal eine Königin der
Nacht erlebte und den unvergeßlichen Richard Mayr als Sarastro.
Ganz Salzburg schwelgte damals in Mozartgedanken, in Mozart=

plänen, in Mozarthoffnungen. Der Gedanke an den Bau eines Fest=
spielhauses nahm immer greifbarere Formen an.

Indessen nahmen die außenpolitischen Spannungen immer
bedrohlicher zu. Von Vorahnungen ergriffen, wurde den Öster=
reichern die Rede vom „Zerfall der Monarchie" immer geläufiger.
Sie rief ein wehmütiges Gefühl hervor. Man kämpfte dagegen an,
noch hatte man ja den Raum des mächtigen Reiches vor sich, der
Friedenswille des Kaisers war ein geflügeltes Wort. Gewiß, der
Kaiser war alt, aber der Einfluß des Thronfolgers, so hörte man,
würde immer stärker, er habe ein geheimnisvolles Konzept für
eine Neugestaltung Österreich=Ungarns, er würde das Land aus
den unlösbar scheinenden Konflikten herausführen. Man hoffte
und beruhigte sich immer wieder.

An einem herrlichen Junitag, an dem keine Wolke den Himmel
trübte, kehrten wir einmal von einem Sonntagsausflug zurück. Am
Ludwig=Viktor=Platz sahen wir vor der Buchhandlung Swatschek,
die sich neben der „Oberbank" befand, eine Menge Leute mit zu=
rückgebogenem Kopf auf einen Anschlag starren. Wir stellten uns
hinter die Menge und lasen entsetzt: „Das Thronfolgerehepaar in
Sarajewo ermordet." Da man immer einige Sekunden braucht, um
eine Schreckensnachricht zu erfassen, lasen wir den Anschlag mehr=
mals. Ein Mann sagte hinter uns: „Das ist der Krieg!" Die Leute
schwiegen, es herrschte Totenstille, und da eben die Sonne unter=
ging, hüllte uns auch ein plötzlich verändertes Licht ein. Wir
stiegen beklommen die Treppe zu unserer Wohnung hinauf. Mein
Bruder Willi, der zu Besuch gekommen war, öffnete uns. Erregt
unterhielten wir uns über das aufwühlende Geschehen. Da sagte
mein Bruder auch: „Das ist der Krieg!" Aber er sagte es nicht wie
der Mann auf der Straße, er sagte es zu meinem peinlichen Er=
staunen frohgemut und fügte hinzu: „Nun werde ich bestimmt
rehabilitiert." Ich erfuhr, was ich bis dahin nicht wußte: wegen
einer Duellaffäre hatte er seinen militärischen Rang eingebüßt und
war degradiert worden. Er ahnte, als er in jugendlichem Leichtsinn
diesen Satz aussprach, nicht, was das Wort Krieg dreißig Jahre
später für ihn bedeuten würde: den Tod seiner drei Söhne. Was
dann in den nächsten Tagen folgte, blieb mir für immer einge=
prägt. Wie Tag für Tag in den Straßen Extrablätter ausgerufen
wurden, wie eine Mobilmachung der andern folgte und die Massen

über Nacht von einem Taumel plötzlicher Kriegsbegeisterung er=
faßt wurden, dessen Höhepunkt ich einmal selbst erlebte. Zufällig
ging ich über den Waagplatz, wo sich damals in einem alten Haus
die Redaktion des „Salzburger Volksblattes" befand. Auf ihren
Anschlagtafeln hatte sie in großen Lettern die Kriegserklärung an
Serbien und das vorhergegangene Ultimatum an Belgrad ausge=
hängt. Eine heftig diskutierende Menge stand davor. Plötzlich
intonierte ein Bedienter des Großherzoglich=Toskanischen Hofes
das Lied vom Prinzen Eugen, die Menge stimmte begeistert ein
und nun unterbrachen stürmische Hochrufe auf den Kaiser und
Österreich die lange Reihe patriotischer Lieder, mit denen sich
alle heiser sangen. So ging es nun Tage und Wochen, eine unvor=
stellbare Hochstimmung hatte das ganze Land ergriffen. Man
kann es heute nach den grauenvollen Erlebnissen zweier Welt=
kriege kaum fassen, daß Menschen sogar auf den Bahnhöfen vor
den abfahrenden Zügen, die so viele Soldaten in den Tod führten,
jubelten, sangen und Blumen in die Gewehrläufe steckten. Aber
sie alle kannten ja damals den Krieg nicht.

Es war, als schiene allen ein romantisches Abenteuer zu
winken, natürlich würde es kurz und für die Mittelmächte sieg=
reich sein. „Ein Feldzug von wenigen Monaten" — das konnte man
oft hören! Es regnete aus der Literatur zitierte Soldaten= und Preis=
lieder auf den stählenden Kampf. In einem hieß es geradezu
blasphemisch:

> Herr, laß mich hungern dann und wann,
> satt sein macht dumpf und träge,
> und schick mir Feinde Mann um Mann,
> Kampf hält die Kräfte rege!

So unglaublich es heute klingen mag, so dachten damals viele
Menschen. Es war wie ein Strom, der alle fortriß, die einen mit
dem Hang zur Abenteurerlust, andere in verständlichem Freiheits=
drang, nun endlich Fesseln veralteter Konventionen abstreifen und
zu etwas Neuem aufbrechen zu können, viele aber, weil ihnen
plötzlich eine neue Vaterlandsliebe bewußt geworden war.

Ich erinnere mich aber auch an jene, die hellseherisch das Un=
heil, wie es nun seinen Lauf nahm, voraussahen. So begegnete ich
einmal nach der deutschen Kriegserklärung an Rußland einem

hohen Beamten der Landesregierung. Er stand sichtlich noch unter dem Eindruck des Schreckens, den dieses Ereignis bei ihm hervor= gerufen hatte und sprach mit Besorgnis und Ernst über das Kommende. Da wurde mir das Irreale der allgemeinen Kriegs= begeisterung deutlich bewußt. So, als blickte ich auf einmal in eine Finsternis, die drohend auf uns zukam.

So manche Episoden sind mir heute aus jenen Wochen noch gegenwärtig, wie etwa der 1. August 1914. Es war ein ungewöhn= lich herrlicher Sommertag, an dem ich mich zufällig in Reichenhall am Bahnhof befand. Auf einmal verbreitete sich das Gerücht der allgemeinen Mobilmachung Deutschlands. Ich hatte eben, den Salzburger Zug erwartend, das Treiben auf dem Perron betrachtet, als plötzlich eine Menge aufgeregter Leute den Perron und gleich hernach den einfahrenden Zug stürmte. Mit Püffen und erregten Rufen erkämpften sich viele die Stufen und Türen des nächsten Waggons, andere stoben verwirrt umher, kurz, es herrschte ein wüstes Gedränge, als sei der Krieg bereits in nächster Nähe ausgebrochen. Es gelang mir mühsam, im letzten Augenblick ein= zusteigen. Nach meiner Erinnerung war es auch damals, als ich vom Südtirolerplatz, der, glaube ich, damals Bahnhofplatz hieß, zum Ludwig=Viktor=Platz fahren wollte und die Elektrische zu meiner Überraschung stillstand. Der Fahrer, hieß es, habe erklärt, er müsse sofort einrücken und habe den Wagen einfach verlassen. Es muß damals ein fieberhafter Zustand unverbrüchlichen Pficht= bewußtseins geherrscht haben, denn so erzählte man auch vom Wetterwart des Wendelsteins, daß er, als man ihn von der Mobil= machung verständigte, in das Telefon hineinrief: „I kim glei!"

Auch im Hinterland setzten nun, obwohl es vom Elend des Krieges noch gar nicht berührt war, energische Vorbereitungen ein, Aufrufe zu einer allgemeinen Fürsorge für die zurück= gebliebenen Familien, für die durch den Kriegsausbruch Betroffenen. Allerlei Komitees wurden gegründet. Auch ich war in ein solches berufen und saß eines Tages mit dem Bürgermeister, einigen Gemeinderäten, einem Rechtsrat, mit dem Sozialisten Preussler und dem seit 1912 in Salzburg lebenden Schriftsteller Hermann Bahr in einem Verwaltungsausschuß, einer offenbar neu= geschaffenen städtischen Einrichtung. Von diesem Zeitpunkt an datiert meine bis zu seinem Tod währende Freundschaft mit Hermann Bahr und seiner Frau, der einstigen großen Wagner=

sängerin Anna Bahr=Mildenburg, die ebenso in unserem Komitee mitarbeitete. Dessen drei Sektionen standen die Gräfin Lippe, die Frau des Bürgermeisters, der zweiten ich selbst vor. Nach dem unseligen Kriegsausbruch mit Italien arbeitete ich auch im Flüchtlingskomitee, in das ich wegen meiner Italienischkenntnisse berufen wurde.

Im Frühling des Jahres 1914, als noch niemand die Nähe des Weltunglücks ahnte, hatte ich als Nachfolgerin unserer französischen Bonne eine junge Italienerin aus Viterbo engagiert. Es lag mir am Herzen, daß unsere Kinder auch diese Sprache, die mir von Kindheit an geläufig war, möglichst früh aus bester Quelle erlernen sollten. Die achtzehnjährige Margherita Baratto lebte von Juni 1914 an in unserem Hause. Als aber im Jahre 1915 die Gerüchte über die Unverläßlichkeit unseres Bundesgenossen im Dreibund sich immer mehr verdichteten, wurden wir unruhig. Es stand außer Zweifel, daß Margherita Barattos Bleiben in Österreich nicht mehr lange währen konnte. Eine Bekannte sandte mir laufend Ausschnitte aus italienischen Zeitungen mit den fanatischen Reden d'Annunzios. Es war nicht schwer, aus ihnen die Gefahr, die uns drohte, zu erkennen. Überall schwirrten Gerüchte. Der Kaiser Franz Josef — so erfuhr man später — solle geäußert haben: Bevor er den Italienern Südtirol schenke, würde er mit seinen 84 Jahren noch selbst in den Schützengraben gehen. Doch wollte niemand an das Ungeheuerliche eines Krieges mit Italien glauben. Ende April schwand jede Hoffnung. Die Stimmung gegen alles Italienische war nun auch in Salzburg feindselig. Wir wagten kaum mehr, das Fräulein auf die Straße zu schicken. Sie konnte nicht Deutsch und war schon einmal von einer Frau, die sie mit den Kindern italienisch sprechen hörte, beschimpft worden. Mit großer Mühe gelang es uns endlich, für sie einen Paß zu bekommen. (Pässe waren vor dem Krieg in Europa nicht nötig.) Er traf gerade noch ein, ehe der Herzog von Avarna in Wien die italienische Kriegserklärung überbrachte. In einem vom 18. Mai datierten Brief berichtete uns Margherita Baratto von ihrem Abenteuer an der Grenze in Pontebba, wo man ihren Paß nicht in Ordnung fand, sie für eine Spionin hielt und sie beinahe verhaftet hätte. Aber schließlich sei sie doch glücklich in Rom, wo eine ungeheure Erregung herrsche, angekommen. Es fänden dauernd Umzüge und Demonstrationen für den Krieg statt. Den Satz „morte a Giolitti" (es war der gestürzte italienische Ministerpräsident) höre man in Rom ebenso oft wie das „Gott strafe England!" in Österreich. Neutralisten gebe es fast keine mehr, die wenigen wagten sich nicht heraus. Sogar die Pastoren in den protestantischen Kirchen (obwohl Italienerin, war sie mit ihrer Familie evangelisch) hielten in den Kirchen kriegerische Ansprachen, die jeder christlichen Liebe Hohn sprachen. Ihr Bruder wolle sich freiwillig für den Krieg gegen Österreich melden. Ihre fromme Mutter sei jedoch gegen jeden Krieg, sie wünsche, daß Italien und Österreich Freunde sein möchten, sie bete auch täglich für Österreich und besonders, daß Gott „Österreich von den Jesuiten befreien" möge!

Zu Beginn der Feindseligkeiten war der italienische Teil Südtirols sofort evakuiert worden. Man mißtraute den dortigen Bewohnern. Ein Teil der Evakuierten wurde außer bei Linz auch in den Landgemeinden Salzburgs untergebracht und wiederholt von den Mitgliedern unserer Flüchtlings=Sektion besucht. Auch ich schenkte diesen aus ihrer mir so wohlbekannten Heimat Ausgesiedelten meine wärmste Teilnahme. Viele unter ihnen und besonders jene aus dem einfachen Volk waren Österreich gar nicht feindlich gesinnt, mußten aber nun mit den Intellektuellen und notorischen Irredentisten das bittere Schicksal teilen. Sie litten unter dem Salzburger Klima und fühlten sich auch wegen der so verschiedenen Lebensgewohnheiten bei unseren Bauern ziemlich unglücklich. Mir waren ihre Klagen, mit denen sie uns gewöhnlich empfingen, einleuchtend, aber es gab so wenig, womit man sie trösten und was man ändern konnte. Zum Glück verstand ich ihren Trientiner Dialekt, und es war für mich so seltsam, wenn ich nun in Hallwang, Anthering oder Oberndorf ein Idiom hörte, das mit dieser Umgebung so sehr kontrastierte.

Diese Tätigkeit wurde durch einen Sommeraufenthalt in Zell am See unterbrochen. Wir besaßen damals noch ein Haus im Schmittental mit zum Teil möblierten Sommerwohnungen, ein Überbleibsel des einstigen väterlichen Besitzes. Vier Kriegssommer hindurch verbrachte ich hier mit meinen beiden Kindern die Ferienmonate. Mein Mann hatte inzwischen in den Rotkreuz=spitälern seinen Dienst übernommen. Er besuchte uns, wann immer er konnte, zum Wochenende. War das nicht möglich, fuhr ich zu ihm, beladen mit Heidelbeeren, Erdbeeren, Himbeeren und

Herrenpilzen aus dem nahen Wald. Auf der Rückfahrt hatte ich Butter und Eier im Koffer. Dankbare Angehörige der verwundeten Soldaten hatten sie mitgebracht. Während der Woche schrieb mein Mann, wenn er abends müde heimkam, liebevolle Karten, wie er sich nach uns sehne und sich auf den Sonntag freue.

Das stille Zell, ohne turbulenten Fremdenverkehr, hatte es uns in jenen Kriegsmonaten besonders angetan. Die Gassen waren leer, die Ufer einsam, die Badeanstalten, an die die Wellen klatschten, nur von ein paar Familien bevölkert, so daß ich die wenigen dort Badenden heute noch unschwer aufzählen könnte: die Frau des späteren Bezirkshauptmanns Ritter von Pachmann mit ihren drei entzückenden Mäderln und noch Lily Schalk, die Frau des Wiener Hofoperndirektors. Mann und Sohn durften sich nach der damaligen Sitte nur in der Herrenabteilung aufhalten. Die Familie hatte sich mehrere Kriegssommer hindurch im Schmittental, in unserer Nähe eine Sommerwohnung gemietet. Wir sahen Lily Schalk und ihren Sohn Gabriel fast täglich die steile Straße zum Schwimmbad hinunterradeln. Dort lernten wir sie auch kennen. Gewöhnlich pflegen sich solche Ferienbeziehungen rasch wieder zu verlieren. In unserer Bekanntschaft mit den Schalk war dies nicht der Fall. Sie bestand auch noch in späteren Jahren und sogar dann, als unsere Töchter an der Wiener Universität studierten.

Im Sommer 1915 lernten wir Oskar A. H. Schmitz kennen. Das Jahr bestätigt mir ein „dienstlicher" Brief Hermann Bahrs, der mit folgendem Satz schließt: „Verzeihen Sie die Hast meines Briefes, den ich im ‚Amt' schreibe, umringt von deutsch und italienisch sprechenden, stammelnden Leuten, grüßen Sie Schmitz schönstens, dessen sämtliche Meinungen ich für falsch halte, ihn selbst aber für etwas sehr Schätzenswertes, und seien Sie herzlich gegrüßt von Ihrem sehr ergebenen Hermann Bahr."

Oskar A. H. Schmitz war später ein in unserer Familie viel verkehrender Schriftsteller, der kurz zuvor von Deutschland nach Österreich gezogen war. Wie sehr lachten wir über diesen Satz in Bahrs Brief, meine Schwester und ich. Sie verbrachte hier mit ihren zwei Kindern mehrere Sommer bei uns in Zell, da ihr Mann in Sibirien gefangen war.

Als wir eines Tages nach dem Mittagessen vor unserem Hause saßen und unseren Mokka tranken, sahen wir von weitem durch

die kleine Allee, die vom Markt heraufführte, zwei Männer=
gestalten auf unser Haus zukommen. Beim Näherkommen grüßten
und winkten sie auffallend. Meine Schwester sprang vom Stuhle
auf und rief: „Das ist ja der Alfred Kubin!" Eine stürmische
Begrüßungsszene folgte. Kubin ergriff freudig unsere Hände und
stellte uns seinen Begleiter Oskar A. H. Schmitz als seinen
Schwager vor.

Alfred Kubin war mit meinen älteren Brüdern in Zell in die
Schule gegangen. Dort nannten ihn die Schulbuben oft einen
Spinner. Er war häufig Gast in unserer Familie. Vielleicht war er
schon ungefähr 16 Jahre alt, als er in den Ferien fast täglich mit
einer Staffelei an unserem Gärtchen vorüberging. Ich ließ dann
gewöhnlich alles stehen und schoß ihm nach. Ich wußte, daß er
seine Staffelei hinter dem nahen Weißgärberhaus aufstellte und zu
malen anfing. „Setz dich da hin, Johannerl", sagte er. Es floß dort
ein mit Brettern abgedecktes Bacherl durch die Gasse. Ich setzte
mich folgsam auf die Bretter und schaute ihm gespannt zu, wie
er seine Staffelei aufstellte und mit Pinsel und Farbe zu hantieren
begann. Nach und nach blickten mich Figuren auf der Leinwand
an. Von dem, was er beim Malen redete und mir erklärte, ver=
stand ich kein Wort. Ich war ja noch ein Kind. Vielleicht aber
spiegelte ihm seine Phantasie in mir ein kunstbegeistertes
Publikum vor.

Nun war es zu dieser überraschenden Wiederbegegnung ge=
kommen und bei einer solchen ist es oft, als sei einem etwas aus
vergangenen Zeiten zurückgebracht. In gehobener Stimmung saßen
wir, nachdem sich der erste Freudenausbruch gelegt hatte, nun
beisammen, und von da an kamen die beiden noch oft zu uns
herauf. Man hatte sich viel zu erzählen, und es war entspannend,
in der brütenden Mittagshitze unter dem Gartenschirm gemein=
sam den Türkischen zu genießen. Schmitz, ein Kulturschriftsteller,
der seit 1907 in Berlin gelebt und nun beschlossen hatte, sich in
Salzburg niederzulassen, war ein Meister unterhaltender
Gespräche, sein Schwager Kubin sekundierte ihm humorvoll.
Kubins Gespräche kehrten immer wieder zu seinen Kindheits= und
Jugenderlebnissen zurück. Die Neubauten im Ort — oft von häß=
lichster Art — schmerzten ihn so tief, daß das einst so poetische
Zell und alles, was damit zusammenhing, nun vergoldet vor
seinen Augen stand.

In einer alten Truhe fand ich in einem Stapel Briefe auch die seinen, deren erster unter ungefähr 36 weiteren nach jenem Besuch an meine Schwester und mich, „seine lieben Kameradinnen", gerichtet war. Es sei ihm eine Herzensfreude gewesen, uns nach so langer Zeit gesund und frisch und in guter Situation anzutreffen. Auch die vier Kinder seien eine entzückende Zugabe gewesen. Die Tage in Zell hätten ihm so wohlgetan, er habe sich aber bemüht, alles Neuere nicht zu sehen und nur die Dinge aufzufrischen, die von früher noch in seiner Erinnerung lebendig waren. „Blickte ich Euch z. B. an, so sah ich Euch so, wie Ihr mir vor 20 Jahren erschienen wart und dies gab dann meinen Empfindungen eine große Wärme. Auch fühlte ich, daß es Euch Vergnügen machte, mich da zu haben." Er schloß den langen Brief mit: „Bleibt froh und gesund und gedenkt manchmal eines Freundes Eurer jungen Jahre, des Alfred!" Das Selbstporträt, das er mit der Feder neben seiner Unterschrift auf das Briefpapier zeichnete, sprach die Wehmut des Vergänglichen, die ihn damals als kaum Achtunddreißigjährigen überkam, noch glaubhafter aus als seine Worte. Es ergriff, sooft man es betrachtete, wie eben nur die Darstellung eines echten Künstlers ergreifen kann.

Obwohl sich durch Kubins Briefe immer wieder die melancholische Klage zieht, das heutige Zell habe außer dem Verkehr mit uns nur mehr Wunden für ihn, und er wolle es nicht mehr wiedersehen, brach schon im nächsten Frühjahr das Heimweh nach den Gefilden seiner Heimat durch, und er kündigte seine Wiederkehr an. Ich möge doch Schmitz bei der Zimmersuche mit meinem Rat unterstützen.

Eine Wirtin, die er von früher kannte, wies seine Unterkunftsbestellung wegen der kriegsbedingten Verpflegungsschwierigkeiten ab. Da illustrierte er sein Bittgesuch mit einer humorvollen Zeichnung, die sie uns lachend zeigte. Sie stellte nach meiner Erinnerung einen durch Hunger abgezehrten Kubin dar. Da aber auch die ehrenvolle Widmung eines berühmten Künstlers bei der Wirtin erfolglos blieb, verlegte Kubin sein Quartier nach Maishofen, das so nahe bei Zell lag, daß wir uns weiterhin öfter besuchen konnten. Immer wieder wachten unter dem Eindruck der Wiederbegegnung mit uns alte Erinnerungen an seine Kindheit auf. Sie fanden später oft ihren Niederschlag in vielbewunderten Zeichnungen.

Wie genau muß seine schöpferische Begabung etwa den Hengst beobachtet und die für die anwesenden Buben so erregende Szene erspäht haben, als das langgesuchte Pferd plötzlich abgezehrt und schweißtriefend am Nordufer des Zeller Sees aus dem hohen Schilf trat. In einem späteren Brief schrieb mir Kubin, er habe sich so gefreut, von Faistauer zu hören, daß wir das Blatt „Hengst im Schilf" erworben hätten.

Ob eine phantastische Geschichte sich genau so abspielte, haben meine Schwester und ich etwas bezweifelt. Ich gebe sie aber so wieder, wie Kubin selbst sie erzählte.

Hinter unserem Hause und dem nebenan befindlichen „Lebzelter" waren die vielen Höfe, Schuppen und Stallungen ein beliebtes Revier für Versteck= und Räuberspiele der Buben. Bei einem solchen Spiel schlich sich Kubin einmal in das Schlafzimmer unserer Eltern und verkroch sich unter den Ehebetten, wo ihn allerdings kein Kamerad in der Gendarmenrolle vermutete. Müde und abgehetzt versank er plötzlich in tiefen Schlaf. Bei hereinbrechender Nacht soll man den Abgängigen im ganzen Ort gesucht und ihn sogar im See ertrunken gewähnt haben. Als meine Eltern sich zum Schlafengehen anschickten, wachte er auf, erschrak und suchte sich, als er die respektheischende Stimme meines Vaters hörte, durch Seufzen und schüchterne Nennung seines Namens bemerkbar zu machen. Wie so vieles, hielt Kubin auch diese Erinnerung zeichnerisch fest: den mit Stock bewaffneten, einen Einbrecher erwartenden Vater, meine erschrockene Mutter mit aufgelöstem Haar, den angstvoll unter dem Bett hervorkriechenden Missetäter Kubin.

Sein eigener strenger Vater soll es sich dann trotz der Freude über den wiedergefundenen Sohn nicht versagt haben, noch zu nächtlicher Stunde ein schmerzhaftes Strafgericht an ihm zu vollziehen. Ich selbst habe dieses Abenteuer nicht erlebt, weil ich ja noch gar nicht auf der Welt war.

Kubins Bekanntschaft mit meinem Mann rührte von einer gegenseitigen Sympathie auf den ersten Blick. Der Charme, der beiden eigen war, der Humor und schlagfertige Witz meines Mannes und die ihm angeborene Heiterkeit haben die Freundschaft unserer ganzen Familie mit Kubin und seiner Frau noch vertieft. Über Salzburg heimkehrend, schrieb mir Kubin einmal nach Zell, daß er meinen Mann in der Stadt getroffen habe, „rosig und wunderbar elastisch, und ich war einfach gerührt, als ich er= kannte, welche Freude ihm mein Auftauchen machte".

Auch im letzten Kriegssommer kam Kubin noch nach Mais= hofen. Unvergeßlich ist mir, wie wir einmal dort beisammen saßen und er mir seinen Totentanz und seine neuesten Blätter zeigte. Aus einem Nebenraum holte er dann ein wunderbares Stilleben von Faistauer, das wir beide sehr bewunderten. Kubin suchte mich eindringlich zu überreden, daß ich es doch für 1000 Kronen kaufen solle. Bei dem Wort „tausend" schrak ich sichtlich zusammen. Nun drohte zwar bereits damals schon die Inflation, ich aber begriff nicht, was sie bedeuten würde. Das Wort war mir noch ein Buch mit sieben Siegeln, eine Tausendkronennote hingegen noch eine unumstößliche Realität. Deshalb wies ich den Gedanken an einen Kauf von mir und war doch, je länger ich das Bild betrachtete, von der Leuchtkraft der Farben fasziniert. Nur noch kurze Zeit mag damals vergangen sein, bis ich Gelegenheit hatte, meine Un= kenntnis tief zu beklagen. — Nach Faistauers Tod im Jahre 1930 beklagte Kubin nicht nur den Tod eines seiner besten Freunde: „Der Tod eines großen Künstlers", schrieb er mir, „wirkt auf mich außerdem so, wie wenn ein Stern vom Himmel fällt."

Faistauer hat in unserem Hause oft verkehrt. Ich erinnere mich zufällig, daß er manchmal auch die zeichnerischen Versuche unserer Tochter Edith besah und einmal das sichere Schauen und die Un= befangenheit lobte, mit der sie den Rhythmus der barocken Heiligenfiguren in der Kollegienkirche in Salzburg erfaßte, die abzuzeichnen ihrer Schulklasse aufgetragen war. Alfred Kubin, der an allem, was in unserer Familie vorging, lebhaft Anteil nahm, warnte vor „klug lehrhaften Einflüssen in der Schule, durch die oft die Unbefangenheit der kindlichen Kunstäußerung gehemmt und verfälscht wird". Auch unser langjähriger und heute noch betrauerter Freund Dr. Ludwig Praehauser gab in seinem bedeu= tenden Werk „Erfassen und Gestalten" allen Kunsterziehern ein= dringlich zu bedenken, daß der Lehrer im Zeichenunterricht niemals durch Korrekturen und Kontrolle die Unbefangenheit des Kindes stören dürfe. Immer wieder wies Dr. Praehauser darauf hin, daß das individuelle Phantasiebild des Kindes für den Lehrer unzu= gänglich sei, weil es vom inneren Leben ausgeht. Es müsse als Eigenwert, als unmittelbarer Wesensausdruck anerkannt werden.

In jener unseligen Kriegszeit spürte man von Jahr zu Jahr mehr, wie der Himmel sich immer dichter bewölkte. Immer zahl=
reicher wurden die zensurierten Karten von Freunden und Ver=
wandten aus Sibirien, die in Gefangenschaft geraten waren. Wer ahnte damals, daß es Jahre dauern sollte, bis man sie wiedersah?

Wie sehr uns damals der Hunger zusetzte, geht auch aus gebündelten Briefen hervor, die ich jeden Sommer mit meinem Mann wechselte. Sie handeln seitenlang fast ausschließlich von Mehl, Brot, Butter, Eiern und von den abenteuerlichen Um=
wegen, auf denen sie beschafft wurden. Mein Mann, für den sich dank seiner Beliebtheit bei den Verwundeten da und dort eine Quelle auftat, sorgte unermüdlich für uns. Unsere Rettung war auch der Wald, die Fülle von Beerenobst und Pilzen, die wir uns täglich holten. Über zehn Kilo Herrenpilze waren keine seltene Ausbeute aus der Gegend um die Mittelstation, auf dem halben Weg zur Schmittenhöhe. Heidelbeeren, Himbeeren und Erdbeeren standen als luxuriöses Gericht täglich auf unserem Tisch.

„Im Oberpinzgau soll es Butter und Eier in Fülle geben", hatte die Frau seines Kollegen Dr. v. Hueber zu meinem Mann gesagt, als sie ihn um ein halbes Kilo Butter anflehte. Sie wußte, daß ich mich in Zell am See befand, und bat ihn, mir dies mitzuteilen. Man schrieb das Jahr 1917, und diese Erinnerung bezeugt, welchen Lebenskampf das Gespenst des Hungers allen Menschen auf=
zwang.

Kurz entschlossen schulterte ich einen Rucksack und fuhr mit der kleinen Lokalbahn, die für die 54 Kilometer lange Strecke nach Krimml bekanntlich drei geschlagene Stunden brauchte, in den Oberpinzgau. Da meine Bittgänge von Bauernhof zu Bauern=
hof weder ein Stäubchen Mehl, noch ein Ei und kein Stückchen Butter eintrugen, setzte ich mich in Neukirchen erschöpft in einen alten, behäbigen Gasthof und fing mit der Wirtin über die triste Lage zu plaudern an. In der Gaststube fielen mir einige schöne Antiquitäten auf. Als die Wirtin meine gespannte Neugierde bemerkte, sagte sie: „Oben hab ich noch schönere" und führte mich in den ersten Stock hinauf. Dort hatte sie eine ganze Sammlung zum Verkauf ausgestellt. Sie hatte sich in meiner Leidenschaft für schöne Gegenstände nicht getäuscht. Ich nahm das für Lebens=
mittel vorgesehene Geld und kaufte ihr ein paar schöne Skulp=

turen ab. Für zwanzig Kronen einen barocken, etwa 60 Zentimeter hohen Johannes, vermutlich aus einer Kreuzigungsgruppe. Ein Bauer, sagte die Wirtin, habe ihn bereits auf den Hackstock gelegt. Für fünfzehn Kronen erwarb ich einen Vitus im Ölkessel.

Auf der Heimfahrt empfand ich meinen Erwerb seelenfroh als einen glücklichen Zufall. Was aber werden die hungrigen Kinder dazu sagen, fiel mir beklommen ein. Als die fauchende Lokomotive des Bimmelzugs in den Zeller Bahnhof einfuhr, nahm ich den Rucksack von der Bank und sah von weitem die Kinder mit Mademoiselle Holveck auf dem Perron stehen. „Hast du Brot, Butter und etwas zum Essen mitgebracht?" stürzten sie auf mich los, als sie mich entdeckten. Indem ich sie umarmte, begann ich von meinen ergebnislosen Bittgängen zu erzählen und stammelte den Trostspruch, den ich mir auf der Fahrt zurechtgelegt hatte: daß wir das alles in einer Woche aufgegessen hätten, während uns das, was in meinem Rucksack ist, noch nach zwanzig Jahren Freude machen würde. Neugierig, aber enttäuscht und verständnislos blickten die Kinder auf den Kopf des aus dem Rucksack herausragenden, ramponierten Johannes.

Mademoiselle Holveck war eine seit Jahrzehnten in Wien lebende Französin, die auch während des Krieges in Österreich bleiben durfte. Ich hatte die Gelegenheit, sie zu uns zu nehmen, freudig ergriffen, denn die Kinder sollten die französische Sprache, die sie im vierten und fünften Lebensjahr von einer französischen Bonne erlernt hatten, nicht vergessen.

Der Höhepunkt der Sommerfreuden, den mein Mann leider nicht miterleben konnte, war damals eine Bergwanderung auf die Schmittenhöhe. Ich hatte mir schon lange gewünscht, einmal auf dem Gipfel den Sonnenaufgang zu erleben. Endlich kam ein Tag ohne Wolke am Himmel. An jenem strahlenden Morgen begann ich mit Fräulein Holveck und den beiden Kindern zuversichtlich den Aufstieg.

Um die lange, staubige Straße durch das Schmittental zu vermeiden, brauchten wir nur den Bach und eine Wiese zu überqueren. Bald nahm uns hier der schattige Fichten= und Tannenwald auf. Der Tag versprach sehr heiß zu werden. Aus frühen Kindheitstagen war mir der Weg vertraut. Ich glaubte fast jede Windung des schönen Fahrweges zu erkennen, den mein Vater als Bürgermeister hier hatte anlegen lassen. Nun zeigte ich den

Kindern die steilen abkürzenden Waldpfade und die geheimnis= voll rieselnden Quellen. Je tiefer wir in den Wald kamen, desto dichter standen die Bäume. Die Ruhe und Pracht der unberührten Natur ergreift sogar das Herz eines Kindes. Noch ist mir gegen= wärtig, wie sich die Kleinen bei jener Wanderung an allem ver= gnügten, an den Waldblumen und Moosbeeren, an den knorrigen Wurzeln, sogar an den leuchtenden Fliegenpilzen, die sie trium= phierend entdeckten.

In einer Lichtung lag die Mittelstation, von altersher ein Punkt der Rast auf dem Weg zur Schmittenhöhe. Auch wir hielten uns dort fast eine Stunde auf. „Ihr müßt lang genug ausruhen", sagte ich, „und dann fleißig Schwämme suchen. Wir wissen ja nicht, ob es oben im Hotel genug zu essen geben wird." Vorsorglich hatte ich im Rucksack sogar Kartoffeln mitgeschleppt und ein Stück Käse dazugelegt. Als wir die Wanderung über das letzte Weg= stück antraten und die Bäume dünner und spärlicher wurden, stand die heiße Mittagsonne senkrecht über dem Steilhang. „Mon Dieu!" rief Fräulein Holveck seufzend ein über das anderemal und drohte, zu erlahmen. Die Kinder aber stiegen munter bergan, die Sonne schien auf ihre blonden Haare und ihre Gesichter strahlten von der frischen Bergluft. Als wir endlich siegreich auf dem Gipfel standen, klagten sie weder über Hitze noch über Müdigkeit.

Obwohl sich im Hotel wenig Gäste befanden, wurden wir, wie ich es befürchtet hatte, nicht mit einem genügenden Mahl, sondern nur mit einer Gemüsesuppe empfangen! Mit Stolz lieferten wir daher einen Teil von unseren 16 Herrenpilzen und die mitge= brachten Lebensmittel ab. Bezeugt ist das durch eine noch er= haltene, an den sehnlichst herbeigewünschten Papa geschriebene Ansichtskarte, auf der auch das „Kaiserlich Königliche Post= und Telegrafenamt mit interurbanem Telefonruf" verzeichnet ist. Im Bericht der Kinder heißt es, daß sie es so „riesig schön" fänden und einen solchen Spaziergang jeden Tag machen möchten.

Als wir im Hotel am Morgen geweckt wurden, sprang ich wie elektrisiert zum Fenster. Überglücklich sah ich, daß der Himmel wolkenlos war, und wir es mit dem Wetter nicht besser hätten treffen können. Ich weckte Fräulein Holveck und die Kinder. Die Luft war noch immer so warm, daß wir in leichten Kleidern, jedoch mit umgehängten Decken auf die Bergwiese hinausgingen und gespannt auf den großen Augenblick warteten.

Es dauerte mehrere Minuten, bis das Grau, das noch über den Bergketten lag, in ein fahles Gelb und dann in einen rötlichen Schimmer überging, dem Vorboten des erhabenen Augenblicks, in dem „sie am Horizont erschien", sie „die hohe Frau", wie Franz von Assisi sie preist, „unsere Schwester, die S o n n e". Wenn man das Wunder gesehen hat, wie nun in Sekundenschnelle ein Gletscher und ein Gipfel nach dem andern von der Lichtflut er= faßt wird und es überall von Gold und Feuer sprüht, kann man dem empfundenen Schauer wieder nur in einer Zeile des Sonnen= gesangs Ausdruck geben: „... wie prächtig in mächtigem Glanze, bedeutet sie, Herrlicher, Dich!"

In frohester Stimmung rüsteten wir noch am Vormittag zum Aufbruch. Nun zogen auf einmal bedrohliche Wolken am Himmel auf. Sie störten uns aber nicht mehr. Rüstig schritten wir aus, und kein Regentropfen fiel, bevor wir das Haus erreicht hatten.

„Geliebter Papa", fügte Edith auf einer meiner Karten hinzu, „wie geht es Dir? Mir geht schon immer etwas ab. Was das ist, weißt Du ja. Ich bete auch immer für Dich. Der liebe Gott beschütze Dich. Deine liebe Edith."

Wie sehr diese in rührender Weise zum Ausdruck gebrachte Sehnsucht der Kinder nach ihrem Vater erwidert wurde, schrieb er in jedem Brief. Für ihn war das Wochenende und der kurze Urlaub, den er bei uns verbrachte, nicht nur Erholung und Atem= pause in seinem aufreibenden Spitalsdienst, den er neben seiner Privatpraxis verrichten mußte. Es machte ihm auch soviel Freude, bei den Kindern zu sein, mit ihnen das heitere Leben am See zu teilen, mit ihnen zu baden und im Boot zu fahren. Sie zeigten ihm ihre Lieblingsplätze draußen im Schilf, wo sie oft auch allein rudern durften. Oder er genoß mit ihnen die Spaziergänge im Wald, der nun eine noch größere Fundgrube für ihre Beobach= tungen wurde; denn ihr Vater wußte sehr viel, er kannte die Kräuter und hatte ein feines Ohr für den Gesang der Vögel, die er alle an ihren Stimmen zu unterscheiden wußte.

Man schrieb das Jahr 1917, als die allgemeine Not sich ihrem Höhepunkt näherte. Immer unerschrockener, wenn auch ergebnis= los, suchte das Volk seine Ansprüche zu verteidigen. Als in Zell am See nur noch Brot aus verschimmeltem oder nach Petroleum riechendem Mehl ausgegeben wurde, löste der Anblick jedes Orts=

fremden Erregung und Wut aus. Es kam so weit, daß man das Hotel Lebzelter mit Brandlegung bedrohte. Nachts bewachten es nun Soldaten. An einem Morgen gaben Maueranschläge bekannt, daß alle Fremden den Ort binnen drei Tagen zu verlassen hätten. Da wir im eigenen Hause wohnten, galt für uns dieser Befehl nicht.

In jenem Jahr wurde auch eine „Reichsorganisation der Haus= frauen Österreichs" gegründet. Da unsere Sprache schon damals der Verwahrlosung anheim fiel, begann auch der Abstieg zu den häßlichen Abkürzungen. Eines Tages las man in der Zeitung von der Gründung der „Rohö" und von den „Ersätzen", die sie anpries: den so beliebten Fleischersatz, und da es keinen richtigen Kaffee mehr gab, den Kaffee=Ersatz. „Aber auch das macht nichts", schrieb das „Frauenblatt", „wir nennen ihn Kaffee und haben uns den Magen gewärmt. Statt der Kartoffeln essen wir Duschen oder Wruken. Duschensalat hat einen noch viel feineren Geschmack als Selleriesalat." „Frauen, heraus, zeigt, was Wahres und Echtes an Euch ist. Ist das Mahl spärlich, so würzt es durch Freundlichkeit und Anmut Eures Gesprächs. Mangelt es an Brennmaterial, so spielt mit den Kindern ein Laufspiel, damit Ihr die Kälte nicht empfindet!" Empört antworten die Frauen in einem Zeitungs= artikel: „Fangenspielen mit den frierenden Kindern in der Wohnung? Mit solchen Ratschlägen möge man uns vom Leibe bleiben. Zu allem Elend würden wir wahrscheinlich auch noch die Kündigung vom Hausherrn bekommen." Als das Gerücht von einer allgemeinen obligatorischen Kriegsküche laut wurde, stand in einem Leserbrief: „Wir verwahren uns dagegen, wie eine Herde gedankenloser Tiere gemeinsam zur Tränke getrieben zu werden. Wenn die Damen der Rohö behaupten, daß im Großbetrieb spar= samer gekocht wird, so beweisen sie, daß sie niemals selbst gekocht und gesorgt haben." „Zwingt uns die Not jedoch", schrieb eine Hausfrau, „zu diesem letzten Mittel greifen zu müssen, um das Durchhalten siegreich zu bestehen, so werden wir ohne Murren auch noch dieses Opfer bringen, aber nur unter der Devise: Alle und alle an einen Tisch! Ist die belagerte Festung in Gefahr, so muß arm und reich, hoch und nieder die gleiche Ration bekommen. So ähnlich wird es auch in der belagerten Festung Přzemysl gewesen sein." Der Widerstand gegen die geplante Massenab= speisung war also überaus heftig.

Nach diesem Höhepunkt physischer Entbehrungen und seit dem Kriegseintritt der Amerikaner begann auch die letzte, noch da und dort bestehende Zuversicht der Menschen auf ein gutes Ende zu schwinden. Im Gegensatz zum Zweiten Weltkrieg ließ die Zensur manche Briefe unbehelligt. So schrieb mir eines Tages Oskar A. H. Schmitz, er habe in der Schweiz von Stefan Zweig erfahren, daß unsere Lage hoffnungslos und der Krieg so gut wie verloren sei.

Unwissend und gänzlich unerfahren in finanziellen Dingen, waren wir nun etwas aufgescheucht, überlegten diesen und jenen Plan, vor allem den Verkauf der Kriegsanleihe. Wissender, oder besser gesagt gerissener waren die Käufer, die nun ab und zu bei mir in Zell auftauchten und einen uns sehr hoch scheinenden Preis für unser Haus boten. Wenn wirklich ein so hoher Gewinn herausschaue, solle ich das Haus doch losschlagen, meinte mein Mann in einem Brief. Ich glaube mich zu erinnern, daß dieser „hohe Gewinn" nicht lange hernach den Preis für ein Kilo Butter betrug! Den ideellen Wert betrauerte schon damals niemand so sehr wie unsere Tochter Gertrud, die weinend sagte: „Niemehr werde ich mich auf etwas so freuen können wie auf die Ferien in Zell am See!"

Die Frau des Bankiers Spängler, eine treue Patientin, schrieb nun mein Mann, habe zum sofortigen Ankauf eines kleinen Hauses in Salzburg geraten. Aber irgendwie scheiterte jedes der erwogenen Vorhaben. Wir ahnten ja beide nicht, daß die Inflation schnellere Beine haben würde als wir mit unserer Suche nach einer sicheren Geldanlage. Das Kennzeichen dieser Verblendung, mit der wir den guten Besitz verschleuderten, war, daß wir immer noch an jene feste Ordnung glaubten, in der bis dahin alle Dinge verwurzelt waren. Dazu war der verhängnisvolle Schritt von Vorkommnissen begleitet, die mir die Lust an jedem Besitz vergällten. Die mir und meinen Geschwistern gehörende Villa war in jener Zeit von Offizieren bewohnt. Ein sogenannter „Pfeifendeckel", wie man im alten Österreich den Offiziersdiener nannte, kam manchmal zu uns herüber und leistete uns durch Teppichklopfen und dergleichen verschiedene Dienste. Er kannte uns daher gut und wußte in unserem Haus Bescheid. Als wir im September 1917 wieder vor der Abreise standen, packten wir unsere Koffer und die emsig gesammelten Vorräte, versperrten die Türen, warfen noch einen wehmütigen Blick auf den im schönsten Sonnenglanz liegenden Garten und übergaben der Hausmeisterin Lena mit den üblichen Mahnungen den Wohnungsschlüssel zur sorgsamen Bewahrung. Lena war eine Kriegerswitwe mit zwei Kindern.

Es war Jänner 1918, als mir die Post einen Brief von einer mir unbekannten Dame überbrachte. Der erregende Anfang des Briefes lautete: Sie bitte mich um Entschuldigung, daß ihr Neffe sich in meinem Bett „entleibt" habe. Verwirrt las ich den Satz zweimal und hielt die Schreiberin im ersten Augenblick für geisteskrank. Doch berichtete mir die unbekannte Dame in der Tat ein tragisches Ereignis. Ihrer Mitteilung folgten mehrere Briefe: solche von Lena, von einem Oberleutant aus der Nachbarvilla, einer von der im Hause wohnenden Frau U., und schließlich ein Brief von der trostlosen Mutter des lebensmüden Soldaten P. Aus den voneinander abweichenden Darstellungen erfuhr ich dann doch den wahren Tatbestand. Der bereits erwähnte Offiziersbursche P. war nachts durchfroren vor Lenas Tür erschienen und hatte auf ihre erstaunte Frage erwidert, er sei mit Kameraden, um nicht von einer Patrouille entdeckt zu werden, im tiefen Schnee durch die Felder gewandert. Da er nicht mehr in sein versperrtes Quartier könne, möge sie ihn in meinem Schlafzimmer übernachten lassen. Sie habe ihn wirklich nicht gern hineingelassen, schrieb Lena, endlich habe sie zu ihrem großen Unglück nachgegeben, aber ihm nur erlaubt, sich auf den Diwan zu legen. Er habe die Tür hinter sich versperrt, sich in das Bett gelegt und sich erschossen. Der unbekannte Oberleutant schrieb, ich möge doch „Gnade vor Recht" ergehen lassen und Lena nicht kündigen, obwohl sie selbst um ihre Entlassung gebeten habe. Lena, der ich natürlich nicht kündigte, bat mich in einem zweiten Brief, der zeitgeschichtlich interessant, aber zu lang wäre, nochmals um Verzeihung, und „ich danke Ihnen und dem werten Herrn Gemahl vielmals, daß Sie mich für meine Pflichtvergessenheit nicht verstoßen." Sie habe alles unten und oben gewaschen und glaube, daß sie alles rein bekomme. „Ein Polster hat ein Löchl, wo die Kugel hinein ist, bitt schön, gnädige Frau, kann ich das Bett im Zimmer lassen oder soll ich es wegräumen?"

Ich erinnere mich nicht mehr, wie ich auf die fünf erschütternden Briefe antwortete, mich schauderte nur davor, nach Zell zu fahren und in meinem Bett zu schlafen.

Diesem traurigen Ereignis folgten in jenem Jahr andere unangenehme Berichte, die das Zeller Haus betrafen und uns Sorge bereiteten. Zell am See und das Haus waren mir auf einmal ver= leidet. Ich rief mir das italienische Sprichwort ins Gedächtnis: „Chi ha terra, ha guerra", was frei übersetzt den unaufhörlichen Ärger bedeutet, den Besitz mit sich zu bringen pflegt. Sollte man sich weiter einen so sprichwörtlichen Kampf aufbürden, in einem sorgenvollen Jahr, wie es uns allen bevorstand?

Die drohenden Vorboten des Unterganges sollten wir ja nur zu bald persönlich erleben. Wir waren im Herbst 1918 wie all= jährlich nach Salzburg zurückgekehrt. Eines Tages drang am frühen Nachmittag vom Ludwig=Viktor=Platz Lärm wie von Gemurmel und Getrappel zu uns herauf. Wir eilten an die offenen Fenster und sahen mit Entsetzen, wie eine Menschenmenge ziel= bewußt auf die geschlossenen Rollbalken des gegenüberliegenden Modegeschäftes Steindl und auf die des großen Kaufhauses Schwarz zuströmte. Die vorangehenden Männer öffneten blitzartig die Schlösser, die Rollbalken gingen im Nu hoch, und eine Horde von Männern und Frauen stürzte sich laut schreiend in die offenen Räume. Angstvoll schlossen wir die Außenläden und spähten durch die verstellbaren Klappen. Johlend liefen die Plünderer aus und ein, alle schwer beladen mit Kleidern, Stoffballen, Wäsche und dergleichen. Manche trugen fünf und sechs Hüte übereinander auf dem Kopf.

Da näherte sich auf einmal aus der Richtung Residenz unter dem Kommando eines Leutnants ein Zug Soldaten: Nun wird etwas Furchtbares geschehen, dachten wir zitternd. In meiner Phantasie hörte ich schon Schüsse knallen und sah den Leutant den Säbel ziehen — aber siehe da, der Mann stellte sich lässig vor die Soldaten hin, zog eine Tabatiere aus der Tasche und zündete sich eine Zigarette an. Einen Augenblick lang waren die Plünderer unschlüssig geworden, eilten aber dann wieder schwer beladen aus und ein. Wir waren sprachlos und fragten uns, was nun eigentlich der Anmarsch des Militärs bedeuten konnte. Aber schon riß uns eine neue Überraschung aus diesen Gedanken. Im Laufschritt kamen etwa sieben Gendarmen über den Platz. Sie entrissen den ersten Plünderern, die ihnen in den Weg liefen, mit stürmischer Gewalt das geraubte Gut, schlugen den Frauen die aufgetürmten Hüte vom Kopf, teilten auch Schläge aus, wenn sie auf Widerstand stießen. Es war das Schauspiel eines vehementen, siegreichen Angriffs. Nun stob die Horde, von Panik ergriffen, auseinander, man sah nur Fliehende, die das Geraubte von sich warfen. Der Platz war in wenigen Minuten gesäubert und die Soldaten, die sozusagen nur als Zuschauer gewaltet hatten, formierten sich zum Abmarsch. Dieser Plünderung folgten weitere im Luxushotel „Europe", im Kloster St. Peter und im übrigen Stadtgebiet.

Es waren nur Vorboten der nun überall aufflammenden Empörungen. Täglich erschütterten uns neue Nachrichten über die dramatische Entwicklung: die von Wilson abgelehnte Friedenskonferenz, das unwirksame Manifest Kaiser Karls, die Abspaltung Ungarns und der Abzug der ungarischen Truppen von der italienischen Front; die Loslösung der Tschechoslowakei und Jugoslawiens.

Doch ich will hier nicht beschreiben, wie es um Österreich-Ungarn bestellt war, jeder kennt das Ende. Ob wir damals die Tragödie von Österreichs Untergang überhaupt in ihrem ganzen Umfang erkannten, weiß ich heute nicht mehr. Nur von einem einzigen Erlebnis, durch das sie mir in einem Augenblick bewußt wurde, wird das Dunkel meiner Erinnerung erhellt.

An einem trüben Herbsttag ging ich über den Residenzplatz, der neblig und fast menschenleer dalag. Ein Herr rief mich an und begrüßte mich. Es war der Gemeinderat Preussler, den ich von meiner Tätigkeit in den Kriegshilfskomitees her gut kannte. Im Laufe unseres Gesprächs zeigte er zu dem Glockenspielgebäude hinüber — es war der Sitz des kaiserlichen Landespräsidenten — und sagte in seiner lebhaften Art: „Wissen Sie, daß die Regierung da drüben schon heute weggefegt werden wird? Wir werden eine neue bilden." Nun wußte ich zwar, daß wir am Ende standen, und so hätte mich dieser Novembertag — ich glaube, daß es der 11. war, nicht ganz unvorbereitet treffen sollen. Aber, als Preussler diesen Satz aussprach, durchzuckten mich die widersprechendsten Gefühle. Es schien mir, als wäre alles, was mir bis dahin doch immer nur als „vorläufig" erschienen war, erst jetzt unabdingbarer Ernst geworden. Das sichere Ende war also da. Das Land, in dem wir alle wurzelten, zerbrach. Wie sollten wir, die wir es trotz allem inbrünstig liebten — das wurde mir auf einmal so gegenwärtig — das Ungeheuerliche über Nacht fassen? Das Verlorene war ja nicht nur der geographische Umfang der Österreichisch=Ungarischen Monarchie mit ihrer Geschlossenheit in der schönen Vielfalt. Es war auch die Landschaft unserer Kinder= und Jugendjahre, die in ihrer vielhundertjährigen Geschichte Geist gewordene Natur, die unser Werden bestimmt und uns alle geprägt hatte. Das stand in jenem Augenblick so zusammen= gefaßt vor mir. Obwohl ich noch gar nicht vorhersehen konnte, wie ein halbes Jahr später durch den Vertrag von Saint=Germain nur noch ein grausam und unsinnig verstümmeltes Österreich unser Vaterland sein sollte.

Jenes Friedensdiktat von Saint=Germain, das heißt die voran= gehenden Verhandlungen, brachten uns wiederholt den Besuch des Senatspräsidenten Dr. Franz Schumacher aus Innsbruck. Er reiste als Mitglied der österreichischen Abordnung mit Lammasch öfter von Wien nach Paris und versäumte es nie, in Salzburg zu unter= brechen, denn er gehörte zum alten Tiroler Freundeskreis meines Mannes. Dr. Schumacher war bis zum Kriegsende Kreisgerichts= präsident in Trient gewesen. Obwohl er auf diesem heißen Boden mit größter Nachsicht gewaltet haben soll, hätte ihn ein dramatischer Vorfall fast das Leben gekostet. Da sich in den ersten Tagen der Besetzung kein Nachfolger für ihn fand, harrte er noch aus, um das Amt in Ordnung übergeben zu können. Auf dem Wege zum Büro griff ihn dann eines Tages ein Fanatiker tätlich an. Von einer sich zusammenrottenden Menge wurde er gebunden und mit einem Strick um den Hals durch die Straßen geschleppt. Ein italienischer Offizier schützte ihn schließlich vor der Wut des Pöbels und ließ ihn als Häftling in eine Zelle seines bisherigen Amtsgebäudes abführen. Radikale Elemente hatten die die irrige Meinung verbreitet, Schumacher habe Cesare Battisti zum Tode verurteilt. Er hatte jedoch mit diesem Urteil nicht das geringste zu tun gehabt. Der Irredentist und ehemalige Reserve= offizier Battisti war von einem Militärgericht zum Tode verurteilt worden. Nach 14 Tagen wurde Schumacher mit den Worten ent= lassen: „Contro il presidente non c'è nulla di nulla." (Gegen den Präsidenten liegt weniger als nichts vor.)

Das Jahr 1918 endete in Salzburg unter anderem mit einem schmachvollen Skandal. Daß man trotz aller Spionenfurcht den echten und gefährlichsten Spion in der Person des höchsten Beamten der Landesregierung erst am Kriegsende entlarvte, klingt

fast wie ein Märchen, ist aber durch die Arbeiten der Heimat=
forscherin Nora v. Watteck, der nach 50 Jahren die Akten zugäng=
lich gemacht wurden, in vielen Einzelheiten bezeugt. Der gebürtige
Tscheche und Präsidialchef Hofrat R., der durch hohe Protektion,
ungewöhnliche Intelligenz und hervorragende juristische Fähig=
keiten zu Macht und Ansehen gelangt war, führte hier jahrelang
ein sehr aufwendiges Leben, das sich alle durch die Heirat mit
einer angeblich steinreichen Deutsch=Amerikanerin erklärten. Ich
hatte während meiner Fürsorgetätigkeit ein paarmal amtlich mit
ihm zu tun. Seine gepflegte äußere Erscheinung, sein weltmän=
nisches Auftreten, seine ausgesuchte Höflichkeit ist mir wohl nur
deshalb so genau in Erinnerung geblieben, weil seine Verhaftung
dann in der ganzen Stadt ungeheures Aufsehen erregte. Aus den
undurchsichtigen, etwas asiatisch anmutenden Gesichtszügen
konnte ich freilich nicht herauslesen, daß der Hofrat einen großen
Teil der von meiner Sektion für die Allerbedürftigsten gesam=
melten Gelder für sich behalten hatte. Durch betrügerische Unter=
schlagungen soll er sieben Millionen Kronen auf sein Konto
gebracht haben. Er war ein Verbrecher großen Stiles. An seinen
Bruder, einen Prager Dozenten und tschechischen Separatisten, der
eine geheime chemische Schrift erfunden hatte, lieferte er laufend
militärische Berichte. Zwei Monate nach Kriegsende berichtete der
„Berliner Lokalanzeiger", daß der Verrat der Offensive bei Kar=
freit in Italien, die trotzdem glückte, aber auch der Verrat der
Montello=Offensive, die mißglückte, wohl sicher dem Salzburger
Hofrat zuzuschreiben sei. Er wurde, als er sich von Wien in die
Schweiz absetzen wollte, mit in seinen Kleidern eingenähtem Geld
in letzter Sekunde verhaftet. Im Lauf der Verhöre verübte er in
seinem Gefängnis Selbstmord durch Erhängen.

Im Rahmen meiner Arbeit in der Kriegsfürsorge hatte ich die
Aufgabe, für die genesenden Verwundeten Unterhaltungsabende,
Konzerte und dergleichen zu organisieren. Ich verhandelte mit der
Direktion des Burgtheaters wegen eines Vorleseabends der Hof=
burgschauspielerin Maria Mayer. Ich erinnere mich heute noch an
ihre dunkle wunderbare Stimme, die hinreißend Gedichte von
Goethe, Kleist, Eichendorff und eine Novelle von Anzengruber
vortrug. Beim Mittagessen, zu dem wir die Schauspielerin in unser
Haus einluden, erfuhren wir, daß sie eigentlich ein Salzburger

Theaterkind war und schon zehnjährig als Tells Sohn neben Mitterwurzer auf der Bühne unseres Stadttheaters gestanden hatte. Doch wußte ich damals nichts von dem abenteuerlichen Schicksal der großen Tragödin, die als bitterarmes Kind in der Steingasse zur Welt gekommen war und wegen mangelnder Pflege im Alter von zwei Jahren weder laufen noch sprechen konnte.

Aus Maria Kapsreiters im Selbstverlag herausgegebenen Erinnerungen und Maria Mayers leider nicht vollendeter Selbstbiographie entnehme ich, daß sie ihren Vater, der die Mutter noch vor ihrer Geburt verlassen hatte, gar nicht kannte und schon nach wenigen Monaten zu einer Geflügelhändlerin kam. Die nahm nun ihr „Kostkind", für das sie daheim keine Aufsicht hatte, täglich in einem Korb auf den Markt mit und stellte ihn im Hintergrund ihrer Verkaufshütte auf den Boden. Während sie ihre Hühner, Gänse und Enten verkaufte, steckte sie dem Kind, um es am Schreien zu hindern, einen mit Mohntee getränkten Stoffstöpsel in den Mund. Da die Mutter endlich sah, daß das Kind so nicht gedeihen konnte — es wurde ja auch fast nie aus dem Korb genommen — nahm sie es von der Geflügelfrau weg und gab es zu einem Ehepaar, bei dem die im Hause mitlebende alte Mutter die Pflege übernahm und das Kind endlich laufen und sprechen lehrte.

Lebhaft begann es nun auf einmal zu plaudern, was der „Großmutter", wie das Kind die alte Frau nannte, sehr gelegen kam, denn sie nahm es täglich in die Franziskanerkirche mit und stellte sich dort an die Kirchentür, um zu betteln. In der Kirche selbst gefielen dem Kind die Lichter, die Meßgewänder und der Gesang. Einen ungeheuren Eindruck aber machte ihr der Prediger auf der Kanzel. Sie fand es so schön, wenn seine Stimme erst wie ein Gebet anfing, dann oft drohend wurde, als ob er die Leute schelten wollte. Erregt wartete sie dann, ob er auch das sanfte Amen sagen würde. Maria Mayer war selbst der Meinung, daß sich bei diesem Erlebnis unbewußt bereits das erste Aufkeimen ihrer späteren Begabung ankündigte.

Im Erdgeschoß des Hauses, in dem ihre Pflegeeltern im fünften Stock wohnten, befand sich eine Gastwirtschaft mit einem kleinen Vorgarten, in dem Bänke und Tische mit rot und blauweiß gewürfelten Tischdecken standen. Wenn die Gäste den Wirtsgarten verlassen hatten, nahm sich das Mizzerl, wie Maria Mayer genannt wurde, eine solche Decke um die Schultern, kletterte auf einen

Tisch und hielt ihren Spielgenossen eine Ansprache, in der sie den Prediger nachzuahmen versuchte. Sie hatte zwar in der Kirche kein Wort verstanden, aber sie legte sich eine eigene Sprache zurecht, in der gewisse Sätze, wie „ich aber sage Euch" oder das Wort „Amen" in verschiedener Tonstärke immer wiederkehrten.

Nun machte die Mutter für Mizzerl einen dritten Kostplatz ausfindig, worüber die bettelnde Großmutter sehr unglücklich war. Auch das Mizzerl weinte, tröstete sich aber rasch, als sie bei ihren neuen Pflegeeltern die für ihre damaligen Begriffe prächtige Wohnung sah. Ihr neues Bett, das in der Ecke des Wohnzimmers stand, die spanische Wand, das bunt bezogene Sofa mit den zwei Fauteuils, die sie als das Herrlichste bestaunte — welcher Gegen= satz zu dem einen Zimmer, in dem sie mit ihren Pflegeeltern und der alten Großmutter geschlafen hatte!

Die neue Pflegemutter Ursula Mayer war die einzig Über= lebende von 18 Kindern eines Salinenarbeiters und hatte, wie sie oft mit Stolz erzählte, viele Jahre in vornehmen Häusern als Stubenmädchen gedient. Sie war von ungeheurer Sehnsucht nach Bildung erfüllt und sehr darauf bedacht, das Mizzerl möglichst früh mit dem Lernen beginnen zu lassen. Der beste Weg zu Kultur und Bildung schien der Pflegemutter das Auswendiglernen von Gedichten zu sein. Als sie eines Tages von der Frau eines Schauspielers besucht wurde, und sie ihr das gewandt Gedichte hersagende Mizzerl vorführte, rief die Frau: „Da haben wir ja das Kind, das wir für den Rattenfänger von Hameln brauchen!" Die Pflegemutter war begeistert, und so kam es, daß Maria Mayer am Salzburger Stadttheater ihre erste Rolle als Lieschen spielte. Sie kam sich, als man sie kostümierte und ihr fünfjähriges Gesicht= chen auch noch schminkte, wie eine Märchenprinzessin vor. Das war der Anfang ihrer Bühnenlaufbahn. Sie wurde nun öfter zu kleinen Rollen geholt. Als sie Mitterwurzer, ihren Vater Tell, die Schillerschen Verse sprechen hörte, und er sie mit beiden Händen bis zu seiner Augenhöhe hob, sie unsagbar traurig anblickte und die Worte sprach: „Der Knabe ist unverletzt. Mir wird Gott helfen", war ihr Kinderherz aufgewühlt. Hatte sie doch nie einen Vater gekannt. Als der Vorhang fiel, begann sie laut zu schluchzen.

Mit einer Schauspielertruppe ging sie, sobald die Schuljahre zu Ende waren, auf die Wanderschaft. Als sie sich mit einem kleinen Strohkoffer von der Ziehmutter verabschiedete, nahm die ihr den

Schwur ab, sie solle sich, solange sie auf der Bühne steht, immer Maria Mayer nennen. Maria gab tatsächlich ihren klangvolleren Namen Pineider=Malfatti auf und hielt lebenslang an ihrem „Bühnennamen" Maria Mayer fest.

Nach den erbarmungswürdigen Kinderjahren folgten Lebens= kampf, Enttäuschungen, eine ganze Welt des Leids, der sie aus= gesetzt war. Ein überraschendes Engagement nach Berlin zu Paul Lindau brachte die Wende. Nun horchten die Kritiker von Berlin und Breslau auf. Johannes Schlaf schreibt: „Wir wissen nichts von ihrer Vergangenheit, aber von ihrer Zukunft wissen wir, denn wir haben in ihr das lang herbeigesehnte echte, große Talent erkannt, aus dem Künstlerinnen von Weltruf werden." Maria Mayer spielte mit allen Großen der Berliner Glanzzeit, sie trat mit Josef Kainz, der als Gast den Tasso spielte, als Prinzessin Eleonore auf. Man lobte ihre Innerlichkeit, Tiefe und Geistigkeit. Der letzte Lebens= abschnitt brachte die Erfüllung ihrer Sehnsucht nach der öster= reichischen Heimat. Sie feierte Triumphe und gehörte zu den bedeutendsten Schauspielerinnen des Wiener Hofburgtheaters.

Tiefe Achtung flößt auch ihre menschliche Grundhaltung ein, in der sie nie ein Hehl aus ihrer einfachen Abkunft machte. Ja, sie schrieb ihr und der entbehrungsreichen Kindheit ihre beste künst= lerische Kraft zu. Spät habe sie, so bekennt sie, das Lachen und den Frohsinn gelernt. Der bittere Mangel, in dem sie aufwuchs, er= laubte ihr ja nur kleine Freuden, die nichts kosteten — das Spielen an der Salzach mit anderen Kindern, den Spaziergang am Sonntag mit der Ziehmutter, wo sie in Leopoldskron den Schwimmenden zuschauen, selbst aber das Schwimmen nicht erlernen konnte, weil das Geld hiefür mangelte. Und dennoch möchte sie die Erinnerung an all das Armselige ihrer Kindheit nicht hingeben und nicht mit jenen tauschen, denen der Wohlstand schon in frühester Kindheit alle Wünsche erfüllte. Nur in der Not ist sie ja gereift, durch sie, glaubte sie, die Sprache des Lebens gelernt zu haben. Als sie die kleinen Gedichte hersagte und die gehobene Sprache auf der Bühne hörte, fiel in die Armseligkeit ihrer Kinderjahre das Licht der Poesie und weckte in ihr den elementaren Durst nach künstle= rischer Gestaltung.

Es war damals schwierig für mich, alles, was an mich herange= tragen wurde, zu bewältigen.

Hermann Bahr erinnerte mich wieder an das Damenkomitee zur Beschaffung von Lektüre für die Gefangenen in Sibirien, das er seit Monaten in Aktion glaubte. Er und seine Frau würden uns einmal in Zell besuchen, er wäre nämlich so gern mit mir und den Kindern auf die Schmittenhöhe gegangen, aber da Richard Strauss, Hofmannsthal und Redlich sich angesagt hätten, könnten er und seine Frau nicht weg. Es sei jetzt bei ihm das reine Taubenhaus. Auch solle ich fragen, ob der Zeller Schuster für ihn Leder zu einem nicht zu närrischen Preis habe, und er fügte hinzu: „Wir vermissen Sie hier sehr, Sie fehlen im Südkomitee und überall! Verbringen Sie den Sommer gut und kehren Sie fröhlich und nicht gar zu spät zurück! Herzlichst Ihr getreuer Hermann Bahr."

Im Sommer 1918 las ich eines Tages in der Zeitung, daß Bahr Burgtheaterdirektor werden solle. Auf meine Gratulation schrieb er mir: er trage zwar wegen eines bösen Insektenstiches den rechten Arm in der Schlinge und sollte eigentlich nicht schreiben, da es ihm aber zu seltsam vorkäme, einen Brief an mich zu diktieren, sage er mir nur Folgendes: „Ich werde nicht Burg= theaterdirektor, das hab ich mit aller Entschiedenheit abgelehnt. Es kann aber vielleicht sein, daß ich für ein Jahr als Beirat des Generalintendanten, mit dem ich seit 25 Jahren befreundet bin, ans Burgtheater gehe, in welchem Falle ich aber meine Wohnung hier behalten und jeden freien Tag benützen würde, um Sie in unserer geliebten Franziskanerkirche zu sehen." Heinz Kinder= mann schildert in seinem Werk über Hermann Bahr, wie es erst zur Schaffung eines Dreierkollegiums kam, dessen Vorsitz der zum Chefdramaturgen ernannte Hermann Bahr hatte, dann kam es wegen der auch damals üblichen Krisen und Differenzen zur Auf= lösung des Kollegiums, worauf Bahr im August 1919 aus der Direktion des Burgtheaters schied.

Hermann Bahr war bekanntlich Theaterfachmann von hohem Rang, wollte aber nichts mit administrativen Geschäften, sondern nur mit rein künstlerischen Entscheidungen zu tun haben. In seinem „Tagebuch 1918" hat er klar ausgesprochen, was ihn zu seinem abwehrenden Standpunkt führte:

„Geraume Zeit, bevor Thimig ging, bin ich gewissermaßen platonisch gefragt worden, wen denn ich, sofern das von mir ab= hinge, zum Direktor des Burgtheaters machen würde. Ich ant= wortete stracks: Keinen, und zum Direktor der Hofoper? Ich ant=

wortete wieder: Keinen. Und ich vermaß mich, vorauszusagen, daß man auch für die Hoftheater niemals den richtigen Mann finden wird, solange man so falsch sucht. Was man sich nämlich ange= wöhnt hat, jetzt vom Direktor des Burgtheaters zu fordern, kann niemand erfüllen. Denn dies ist ein Konglomerat von Leistungen, deren ein und derselbe Mann nicht fähig ist. Und wenn durch ein Wunder einander so widersprechende, so wesentlich unvereinbare Fähigkeiten sich doch einmal in demselben Manne beisammen fänden, auch dann reichte, solange der Tag nur 24 Stunden hat, seine Zeit nicht aus, diesen Ansprüchen auch nur halbwegs zu genügen. Was nämlich in der heutigen Organisation oder Des= organisation der Hoftheater der Direktor sein soll, das kann kein Mensch sein. Dazu gehören Gaben, die nur der geborene Führer hat, und es gehören aber dann auch noch Gaben dazu, die nur ein subalterner Mensch hat..."

Mit Freuden kehrte Bahr nach dem kurzen Intermezzo in Wien wieder in das Arenbergschloß zurück, das mit seinem alten Park und dem Bürglstein an einem der schönsten Punkte Salzburgs liegt. Eines Tages war er wieder in seiner kurzen Lederhose rechts vom Hochaltar in der Franziskanerkirche zu sehen, wo er täglich der Sechsuhrmesse beiwohnte. Hernach setzte er sich in das nahe Café Tomaselli, wo die Kellner schon einen Berg von Morgen= zeitungen für ihn bereitgelegt hatten. Gegen 8 Uhr machte er sich zu einer Wanderung auf den Gaisberg und einmal wöchentlich zu einer Besteigung des Untersberges oder zu einem Spaziergang in der Ebene auf. Da er nachmittags zu arbeiten pflegte, empfing er seine Besuche am liebsten auf diesen Wanderungen. Auch ich zählte wiederholt zu seinen Begleitern, und es ist mir heute noch unvergeßlich, daß er während des ganzen Anstiegs redete, ohne daß es ihn sonderlich anzustrengen schien, obwohl er ein Viertel= jahrhundert älter war als ich. Nie sah ich ihn auf dem Gipfel etwa Fleisch essen, sein karges Mahl bestand aus Gemüse und Kartof= feln oder aus einem Kaiserschmarrn.

Bahrs Belesenheit schien mir märchenhaft, sein Witz und Humor, vor allem seine Selbstironie waren bestrickend. Dabei ver= stand er aber auch, zuzuhören und teilnehmende Aufmerksamkeit zu bezeigen. Einmal erzählte er mir von Oskar A. H. Schmitz, der damals viel in unserem Haus verkehrte. Schmitz konnte stunden= lang über indische Mystik, über Buddha und Laotse dozieren. Als er einmal während eines Spaziergangs mit Bahr einen Redekampf mit den Worten beendete: „Kein Zweifel, ich selbst bin Gott!" meinte Bahr gemütlich lachend: „Was sind Sie überhaupt für ein Gott! Um 4 Uhr müssen S' jausnen, pünktlich um 11 Uhr müssen S' Ihren Apfel essen!" Auch Schmitz berichtete mir regelmäßig über solche und ähnliche Scharmützel mit Bahr. Er sah die Dinge in einem anderen Licht und beklagte sich, daß Bahr auf einem Spaziergang, den er einmal ausnahmsweise nachmittags unter= nommen hatte, außerordentlich ungemütlich gewesen sei. Er sei vor dem Gasthaus, in dem Schmitz seine Jause nahm, wartend auf und ab gegangen. Schmitz hatte den Hang, andern seine Meinung aufzuzwingen. Das ließ sich Bahr nicht gefallen und rächte sich offenbar mit kleinen Bosheiten. Vormittag oder am Nachmittag, das war auch einer der Streitpunkte. Schmitz versuchte, sich für nachmittags anzusagen, „weil ich vormittags arbeite". Und Bahr: „Ich arbeite nachmittags."

Einige Male war ich in Bahrs Wohnung im Arenbergschloß. Anna Bahr=Mildenburg führte mich durch die vornehmen Räume, und mir schien es damals, als würden sonst keine diesen beiden markanten Erscheinungen so wohl anstehen. Am einprägsamsten war der große Saal, vor dessen Fenster der Park lag, wie geschaffen für Bahrs Riesenbibliothek. Dort saß ich manchmal mit ihm. Das Faktotum Jenny brachte den Tee. Während unseres Gesprächs lagen meine Blicke oft auf den Bücherwänden. Es war eine Bibliothek, immer auf dem neuesten Stand. Sie sollte nun auch für mich eine Fundgrube werden. Im Verleihen seiner Bücher war Hermann Bahr ungemein großzügig. „Sagen Sie mir ruhig jeden Wunsch, wenn ich etwas nicht habe, lasse ich es mir eben kommen."

Als ich zum erstenmal Nietzsche las und darüber in große Er= regung geriet, wollte ich mit Bahr darüber reden. Deshalb wartete ich schon am nächsten Morgen vor der Franziskanerkirche auf Hermann Bahr und vereinbarte einen Spaziergang mit ihm. Als wir uns — von den Vorübergehenden keine Notiz nehmend — in lebhaftem Gespräch der Salzach näherten, stand plötzlich, wie aus dem Boden gewachsen, Erzbischof Ignaz Rieder vor uns und fragte, worüber wir denn so eifrig diskutierten. „Über Nietzsche, Exzellenz", meinte Bahr lachend, mit einem Augenzwinkern auf mich deutend. „Sie hat ihn eben gelesen, und nun müssen wir darüber reden." Daß der Erzbischof den Kopf schüttelte und „Da graut's mir aber" sagte, war nicht verwunderlich. Ihm schauderte vor dem radikalen Atheismus.

Als wir unsere Wanderung fortsetzten, sagte Bahr: „Ich bin ganz überzeugt, daß Sie nicht der Inhalt, sondern die Form dieses sprachgewaltigen Genies umgeworfen hat." Ich mußte zugeben, daß ich noch nie eine so mitreißende deutsche Prosa gelesen hatte.

Von nun an standen viele Bücher Hermann Bahrs, zum größten Teil von ihm gewidmet, in unserer Bibliothek. Ich muß gestehen, daß mir seine Romane weniger wichtig erschienen. Nach eigenem Geständnis war er kein Erzähler. „Ich kann weder erzählen, noch fabulieren", schreibt er einmal in seinem Tagebuch 1918. Auch mir gegenüber betonte er einmal: „Ich komme immer in Verlegenheit, wenn ich erzählen soll." Und doch wirkte die Frische und Lebendigkeit, mit der er in seinen Tagebüchern zu allem, was sich im Jahr begab, seine Meinung sagte, oft spannender als mancher Roman. Oft war diese Meinung etwas zu sicher und in ihrer Wandelbarkeit häufig auch widerspruchsvoll, aber mit seltener Leichtigkeit witzig und geistvoll hingeworfen, wirkte sie ebenso unterhaltend wie seine Essays, Lustspiele, Dramen und Theaterkritiken. Jeder staunte — wie kann ein Mensch, auch bei größter Vitalität mit einer solchen Arbeitslast fertig werden: Frühmesse, Café Tomaselli, fast täglich Gaisberg, einmal wöchentlich Untersberg, Besuche von auswärts, Briefe, Romane, Aufsätze, Tagebuch, Studium der Weltliteratur, Lesen von Neuerscheinungen, Zeitschriften und der täglichen Post, die der Briefträger in Stößen ins Haus brachte. „Bei deren Anblick mich oft eine solche Wut überkommt, daß ich am liebsten den ganzen Stoß ungelesen in den Papierkorb werfen möchte", sagte er mir einmal.

Bahrs Feinde warfen ihm manchmal Kritiklosigkeit vor. Er sei einer, der alles mit den gleichen Gefühlen höchster Anerkennung gelten lasse. Ja, er spottete sogar selbst einmal über „seine berühmte Kritiklosigkeit", zu der er nur gekommen sei, weil er in jedem das Beste sehe. Sein Kampf gegen die Gleichgültigkeit des Spießbürgers, sein Hang zum Enthusiasmus, zum Extremen und zu Paradoxien haben ihm vielleicht manchmal Worte in den Mund gelegt, die den Leser und sogar seine Freunde verblüfften. Bahr wußte, daß man sich über seine Frömmigkeit lustig machte. „Wenn ich Buddhist oder so etwas geworden wäre", sagte er ein=

mal während eines Spazierganges zu mir, „würde das die Leute gar nicht stören, sie würden es sogar interessant finden; nur den Katholizismus verzeihen sie mir nicht." Scherzend fügte er hinzu: „Aber wenn ich schon in Oberösterreich geboren bin, sehe ich nicht ein, warum ich Brahma oder Wischnu verehren soll."

Auch Karl Kraus, ein erbitterter Feind des „Hermann Bahr im Büßerhemd" verhöhnte in einem seiner Gedichte dessen Rück= kehr zur katholischen Kirche. Mit ihm glaubten viele nicht an die Echtheit seiner Konversion. Hatte denn Bahr, so meinte man, nicht alle paar Jahre, unersättlich Neues suchend, immer wieder nach anderen Grundsätzen gelebt? Nach seiner rebellischen Maturarede, die den Direktor des humanistischen Gymnasiums die Stelle gekostet hatte, hielt man ihn für einen radikalen Sozialisten. Er hatte die Rede sogar vor der Großherzogin von Toskana ge= halten, die unter den Festgästen in der ersten Reihe saß. Reichtum und Adel sollen demnächst abgeschafft werden, soll er ausgerufen haben. In den Universitätsjahren wandelte Bahr sich in seiner ekstatischen Bewunderung für Bismarck und Richard Wagner zum Schönerianer und antisemitischen, antiklerikalen Burschenschafter. Auch diese Anschauung verwarf er nach kurzem.

Endlich fand er zu seiner Berufung, der Literatur, und wurde ein Mittelpunkt der Wiener Literatenkreise. (Siehe dazu in der Wiener Stadtbibliothek die verzweifelten Briefe seines Vaters an dessen Freund Dr. Much.)

In diesem gefährlichen Hang zu dem immer Neuen und Ex= tremen, in den wilden Streichen seiner Jugend, die ihn fast an den Rand des Anarchischen führten, spielte sich in seinem Innern ein jahrelanges Drama ab, bis manche skeptisch und alle aufs höchste verwundert die erstaunliche Wende zum Religiösen er= fuhren. Ich selbst lernte Bahr erst nach dieser Wende kennen, konnte mich aber in vielen Gesprächen von der Echtheit seiner Konversion überzeugen.

Als in der rapid anwachsenden Inflation die Not zum zentralen Erlebnis geworden war, wurde es in der Gesellschaft üblich, von dem sorgenvollen Leben zu reden. Manche Pessimisten sprachen nur noch vom „Bettelstab". Auch Bahr fürchtete, von Verarmung bedroht zu sein, obwohl sein Lustspiel „Das Konzert" einen Siegeszug durch Amerika aufzuweisen hatte. Nun war es gerade

ein Amerikaner, der Bahrs Ängste treffend zu illustrieren aus=
ersehen war. Als Bahr nämlich, in Gedanken versunken, eines
Tages durch den Seitenausgang die Franziskanerkirche verließ,
drückte ihm plötzlich jemand etwas in die Hand. Verblüfft sah
Bahr, daß es eine Hundertkronennote war. Als er fragend auf=
schaute, verließ der Amerikaner, der eben an der Kirchentüre
gestanden hatte, eilends die Vorhalle. Er hatte Bahr mit den
langen Haaren und dem grauen Bart für den Prototyp eines ver=
armten Österreichers gehalten — nicht ahnend, daß er dem Autor
des „Konzerts" das Almosen gab. In der Lederhose und dem
Wetterkragen Bahrs sah er vermutlich eine ärmliche Kleidung.
„Wie muß ich aussehen", schrieb der Dichter darauf in seinem
Tagebuch, „daß mir ein gutherziger Mensch etwas auf ein warmes
Nachtmahl zusteckt!"

An einem strahlenden Herbsttag hatte ich einmal mit Hermann
Bahr über den Dopplersteig den Untersberg bestiegen. Wir waren
außer einem Salzburger Kaufmann, den ich vom Sehen kannte,
die einzigen Gäste in der Schutzhütte. Am Nachmittag unter=
nahmen wir den Abstieg über den Reitsteig. Wir waren nicht allzu
weit vom Tal entfernt, als Bahr mich bat, vorauszugehen, er würde
mir in Kürze nachkommen. Ich war schon eine gute Weile bergab
gewandert, ohne daß etwas von Bahr zu sehen war. Ich sah mich
wiederholt um, schaute, den Wald durchforschend bald nach rechts
und bald nach links und blieb, da es im Wald auch allmählich
dämmeriger wurde, stehen, um angestrengt lauschen zu können,
ob nicht etwa das Knacken von Zweigen oder ein Rufen zu hören
wäre. Aber es drang nichts an mein Ohr. Oben hatten wir von der
Höhe den blauenden Raum und die farbige Schönheit der Erde
bewundert, und Bahr hatte auf einmal gesagt: „Es wäre doch
schön, nach der Franziskanerkirche an einem solchen Tag in der
Bergeinsamkeit das Sterben zu erwarten." Das fiel mir nun ein
und so überkam mich eine steigende Unruhe. Während ich über=
legte, was nun zu tun sei, ob ich unten im Gasthaus melden sollte,
daß Bahr gestürzt oder ihm sonst etwas zugestoßen sein könnte,
tauchte auf einmal der Tourist auf, den wir oben gesehen hatten.
Ich ging auf ihn zu und fragte ihn, ob er vielleicht dem Herrn mit
dem grauen Bart begegnet sei, der mit mir oben auf dem Gipfel
war. „Sie meinen den Hermann Bahr?" erwiderte er. „Ja, ja", rief
ich ihm förmlich zu und schilderte, wie ich schon längere Zeit hier

ergebnislos warte. „Dann müssen wir die Rettung verständigen, denn er ist zweifellos abgestürzt!" war die mich nun noch mehr aufregende Antwort. Ich wollte schon kehrtmachen und im Lauf= schritt ins Tal eilen, als wir glücklicherweise jemand rufen hörten, Bahr an einer Kehre des steilen Weges zu sehen war und uns ent= gegengelaufen kam. „Ich habe ja eine so schreckliche Angst ge= habt", sagte er atemlos, „daß sie meine Frau alarmieren" — (was ich ja auch zu tun im Begriffe gewesen war.) Er schilderte dann sein Mißgeschick, er wollte mir auf einem Abkürzungsweg nach= kommen, verirrte sich, konnte über einen steilen Hang nicht mehr hinunter und mußte den ganzen Weg wieder hinaufsteigen.

Ich habe auch miterlebt, was für ein schwerer Verzicht von Bahr gefordert wurde, als seine Frau, deren Engagement an der Wiener Staatsoper nicht mehr erneuert wurde, einen Ruf an die Münchner Akademie annahm und die Übersiedlung nach München auch für ihn nicht mehr zu umgehen war. Damit hatte sich für Bahr ein Tor geschlossen, hinter dem die von ihm in tausend Lob= sprüchen besungene und ihn beglückende Schönheit Salzburgs lag. — Als ich ihn gelegentlich einer Münchner Reise besuchte, erschrak ich förmlich über die enge, düstere Stadtwohnung in der Barerstraße mit den schmalen Gängen — diesem schmerzlichen Kontrast zu den herrlichen Räumen im Arenbergschloß. Ich stellte mir vor, was für Empfindungen er gehabt haben mochte, als er sich zum erstenmal in dieser Enge umsah. — Aus Bahrs späteren Briefen geht hervor, daß seine Gesundheit sich immer mehr ver= schlechterte. Erleichtert setzte er zuweilen alles Hoffen auf Garmisch, Bad Tölz, Badgastein, überhaupt, so schrieb er einmal, sei Höhenluft für ihn ein wirksameres Heilmittel als sämtliche Bestrahlungen und alles, was man sonst an ihm erprobt habe. Da er also kaum mehr in die Niederungen Salzburgs hinabtauchen könne, müßten wir uns wahrscheinlich ein Rendezvous auf dem Untersberg geben, wenn wir uns wiedersehen wollten. Aber auf das Lob der Höhenluft folgte wieder die Klage über seinen kränk= lichen Zustand. Und eines sei ihm besonders bitter: er habe kein Gedächtnis mehr für Namen und Daten. Eines Tages werde ihm — dies war einer seiner letzten Scherze — auch der Name Napoleon nicht mehr einfallen. — Nun, er bedurfte ja auch für die Konversation keines Namensgedächtnisses mehr, denn als ich ihn das letztemal in München traf — er trat eben aus seinem

Haus ins Freie — und ich ihn ein Stück begleitete, war es, als hätte er das Reden verlernt. Er ging schweigend neben mir her und ich merkte, wie sehr sich der Ausdruck seines Gesichtes ver= ändert und wie sein ganzes Wesen etwas Unzugängliches und Starres angenommen hatte. Es wurde mir klar, daß sein inneres Licht erloschen und jeder Versuch einer Unterhaltung von meiner Seite sinnlos gewesen wäre. — So verlief meine letzte Begegnung mit Hermann Bahr.

Es folgten noch traurige Jahre; und wie furchtbar die lange währende Marter vor Bahrs Sterben gewesen sein muß, bringen mir die Aufzeichnungen Anna Bahr=Mildenburgs, die sie mir nach seinem Tod sandte, wieder in Erinnerung. Den geistigen Verfall, also sozusagen den inneren Tod eines geliebten Menschen er= leben zu müssen, ehe der physische folgt, gehört zu den er= schütterndsten Erfahrungen. Anna Bahr, die unter dieser Last fast zusammenbrach, schildert das für sie so qualvolle letzte Bild des Kranken, der mit unheimlicher Kraft von einem Zimmer in das andere strebt, abwechselnd weint, betet oder die Lorelei singt. Als die Dosis der Schlafmittel sich als zu klein erweist, glaubt sie ihn mit Gesang beruhigen zu können, legt den Kopf an seine Seite und singt eine Stunde lang die Glockenmelodie aus Parsifal. Doch auch dies kann ihn nur kurz in einem wohltätigen Schlummer fest= halten, bis endlich der Tag anbricht, an dem der Schlaf auch ohne Mittel kommt und schmerzlos von der Erde wegführt.

Im Todesjahr Bahrs schrieb seine Frau häufig an mich. Sie hatte das Bedürfnis, mit seinen Freunden in diesen Briefen alles zu besprechen, die Ausführung der Sterbebilder, die Einrichtung eines Hermann=Bahr=Archivs, die Herausgabe einer Auswahl aus Bahrs Gedanken — denn sie war die eifrigste Verwalterin seiner Werke. Die Spuren seiner Anschauungen und Erkenntnisse sollten nicht verlorengehen.

„Würden Sie sich das zutrauen", hatte mich Hermann Bahr einmal gefragt, als er mir erzählte, daß der Münchener Theatiner= Verlag ihm die Jubiläums=Herausgabe sämtlicher Manzoni=Werke übertragen habe. Für die Übersetzung der Dramen und Geistlichen Hymnen habe er bereits mit Graf Paul Thun verhandelt, die ästhetisch=philosophischen Schriften werde der Münchener Philo= loge Dr. Ahrens übertragen, und nun suche er einen guten Über= setzer für Manzonis weltberühmten klassischen Roman „Die Ver=

lobten". „Ich glaube, der Manzoni=Ton würde Ihnen gut liegen, denken Sie doch darüber nach, ich möchte Sie dem Verlag vor= schlagen. Vielleicht wird er, da Sie noch auf keine Übersetzung hinweisen können, eine Probearbeit von Ihnen verlangen."

Da mir vorerst der Zeitaufwand als mit meinen Familien= pflichten unvereinbar vor Augen stand, lehnte ich, wenn auch nicht leichten Herzens, ab. Aber nach einer Woche kam Bahr wieder, sagte, ich solle doch nicht leichtsinnig ablehnen, es wäre eine schöne Aufgabe und eine glänzende Einführung für mich. Ich kannte den Roman seit meiner Schulzeit. Er war ja im italienischen Unterricht klassische Pflichtlektüre. Als ich vierzehn= jährig von einer jungen Lehrerin aus Verona einen Abschnitt dar= aus lesen hörte, ließ mich die meisterhafte Prosa aufhorchen, sie wurde sozusagen mein erstes künstlerisches Erlebnis. Und so wie damals mich Ton und Rhythmus der Sprache Manzonis begeistert hatten, elektrisierte mich nun plötzlich Bahrs Vorschlag. Pochenden Herzens sagte ich schließlich zu. Ich nahm die „Promessi Sposi" zur Hand, blätterte ein wenig darin und war gleich wieder in Manzonis Gedankenwelt hineingestellt. Die Natürlichkeit der von ihm so glücklich erdachten Gestalten faszinierte mich von neuem. Ich setzte mich hin, schlug das 34. Kapitel auf, übersetzte in Er= innerung an jene Literaturstunde die Erzählung der Mutter mit dem toten Kind und sandte sie als Probearbeit an Dr. Ernst Kamnitzer, den Mitherausgeber und Lektor des Theatiner=Ver= lags in München.

Es waren zwiespältige Gefühle, die mich überkamen, als unver= züglich seine zusagende Antwort eintraf. Zunächst die lockende Freude, mich in die Klarheit und Schönheit eines so unüber= troffenen Meisterwerkes versenken und mich selbst in der eigenen Sprachwelt versuchen zu können. Gleich darauf aber die ängst= liche Überlegung: wie würde ich nun mein Leben einrichten, meinen Tag einteilen, um neben einer so gewaltigen Aufgabe nicht die Pflichten gegen die Familie zu versäumen? Wenn ich ängst= lich die Seiten zählte und die erforderliche Zeit der Konzen= tration erwog, sank mir wohl manchmal der Mut. Aber da fielen mir die Morgenstunden ein, die Ruhe im Hause, die es nur gibt, wenn alles schläft und kein Telefon klingelt. Wenn ich mich in Zucht nehmen und die Arbeit um 5 Uhr beginnen würde, stünden mir drei ungestörte Stunden zu Gebote.

Der Einfall begeisterte mich so, daß ich es wie einen neuen Aufbruch empfand. Schon am nächsten Tag schlich ich mich leise aus dem Schlafzimmer und saß punkt 5 Uhr über meiner neuen Arbeit.

Eines Tages überraschte mich der Lektor Kamnitzer aus München mit seinem Besuch. Er wollte sich vom Fortschritt meiner Arbeit überzeugen und bat mich, ihm daraus vorzulesen. Selten war ich über etwas so erstaunt wie über seine geäußerte Zufriedenheit. Ich war ja unsicher gewesen, wie der Verlag meine Übersetzung beurteilen würde. Wohl glaubte ich, daß mir mein gutes Gehör für die Feinheiten der italienischen Sprache und die Ausdrucksweise des einfachen Volkes sehr zustatten kam. Aber Kamnitzers Anerkennung gab mir noch mehr Selbstsicherheit. Mit einer neuen Lust ging ich nun an die Arbeit. Dr. Kamnitzer war in den folgenden Jahren noch öfter unser Gast. Er hoffte später auf meine Vermittlung bei der Festspielhausgemeinde, der er das von ihm bearbeitete und Shakespeare zugeschriebene Drama „Der Londoner Verlorene Sohn" anbieten wollte. Dr. Kerber, der Generalsekretär, interessierte sich auch für das bedeutende Werk, das auf deutschen Bühnen, in Berlin allein fünfzigmal mit großem Erfolg, aufgeführt worden war. Er teilte mir eines Tages mit, daß man beschlossen habe, Max Reinhardt die Aufführung vorzuschlagen. Da es aber dann doch nicht auf den Spielplan gesetzt wurde, kam mir der Gedanke, den Erzabt Dr. Petrus Klotz dafür zu interessieren. Ich wußte nämlich von seinen guten Beziehungen zu Max Reinhardt. Wenn der Erzabt sich herbeiließe, ihn auf das Stück aufmerksam zu machen, würde Reinhardt die Aufführung vielleicht erwägen. Ich hatte mich nicht getäuscht: Der Erzabt zeigte mir bald darauf ein längeres Telegramm, aus dem ich einen Teil notierte: „Herzlichen Dank für Ihren Vorschlag, der mir, wie alles, was von Ihnen kommt, ungemein wertvoll ist. Ich werde das Stück im Hinblick auf eine Salzburger Aufführung sofort einer eingehenden Prüfung unterziehen. — Ihr Max Reinhardt." Schon berichtete mir auch der Bühnenverlag, daß die Reinhardtbühne ein Leseexemplar des Dramas angefordert hatte. Man war also dem Gelingen schon ganz nahe, als der politische Wandel durch die NS=Regierung in Deutschland Kamnitzer bewog, nach Paris zu emigrieren.

Ein merkwürdiger Zufall führte zur Bekanntschaft mit der russischen Schriftstellerin Alja Rachmanowa. Sie war die Verfasserin der damals Aufsehen erregenden Erlebnisberichte von der Umsturzzeit in ihrer Heimat. Dort hatte sie den Salzburger Dr. v. Hoyer geheiratet. Ein Neffe meines Mannes, Dr. Karl Faigl, Dozent an der Brünner Hochschule, hatte mit ihm die russische Gefangenschaft erlebt und schrieb mir eines Tages, das Ehepaar Hoyer sei von Wien nach Salzburg gezogen und lebe hier in dürftigen Verhältnissen. Ich möge mich doch um sie annehmen. Ich suchte deshalb die mir bezeichnete Wohnung in dem damals noch bescheidenen Vorort Maxglan auf. Auf mein Klingeln öffnete sich ein Türspalt, eine Frauengestalt im Schlafrock hielt zögernd die Türklinke in der Hand und schaute mich mit dunklen, fremdartigen Augen forschend an. Ich nannte, mich entschuldigend, Karl Faigls Namen. Sie überwand ihr schüchternes Gehaben und ich meine Verlegenheit. Das Zimmer, in das sie mich führte, war einfach möbliert, eigentlich überhaupt nicht möbliert: ein Bett, ein Tisch, zwei Stühle und auf dem Boden ein russischer Pelz als zweites Lager. Im anschließenden Kabinett saß ihr fünfjähriger Sohn auf einem Schemel vor einer großen Landkarte, die an der Wand hing. „Damit beschäftigt er sich stundenlang", sagte seine Mutter. Ich sah mich in dem schmalen Raum um. Er war leer. Auch nicht das kleinste Spielzeug war zu sehen. Beim Anblick des einsamen Kindes vor der Landkarte fühlte ich die Bitterkeit des Schicksals heimatloser Menschen. Ich fragte Alja Rachmanowa, ob ich ihr mit etwas nützlich sein könne, und forderte sie auf, uns mit ihrem Mann zu besuchen. So kam es zu einem freundschaftlichen Verkehr, und wir bemühten uns Dr. Hoyer Nachhilfeunterricht zu verschaffen. Auch eine Stelle als Hilfslehrer war fürs erste eine Hilfe. Dann trat die erstaunliche Wende ein: Dr. Hoyer übersetzte die russischen Erlebnisberichte seiner Frau, für die damals bei den Verlegern brennendes Interesse bestand. Dennoch ahnten weder sie noch der Verlag Anton Pustet, daß schon ihr erstes Buch „Studenten, Tscheka, Liebe und Tod" ein so großer Erfolg sein würde. Es folgten „Ehen im roten Sturm" und die „Milchfrau in Ottakring".

Als zwei Jahrzehnte später Deutschland, diesmal mit Sowjetrußland, wieder im Kriege lag, in einem Kriege, der den ersten an Grausamkeit übertraf, litt Alja Rachmanowa unsäglich bei dem

Gedanken, daß ihr Sohn — jener Bub, der einst vor der Landkarte gesessen hatte — nun gegen die eigenen Landsleute kämpfen sollte. Sie erreichte, daß man ihr Verständnis entgegenbrachte, und glaubte, nun ihren Sohn in der Theresianischen Militärakademie in Wiener Neustadt vor dem ärgsten gesichert. Doch Ostern 1945 mußte die Akademie geräumt werden. Die Insassen flohen durch einen Wald, suchten sich vor den anstürmenden Russen zu retten. In diesem Wald fiel am Ostersonntag 1945, in den letzten Kriegstagen, der einzige Sohn Rachmanowas durch eine russische Kugel.

Als die sowjetisch=russische Armee in diesem Jahr bis nörd= lich von Linz und damit in die bedrohliche Nähe Salzburgs vor= rückte, mußte Alja Rachmanowa ein zweitesmal fliehen. Sie war durch ihre Bücher gezeichnet und floh mit ihrem Mann in die Schweiz. Dort lebt sie, bald Witwe geworden, in der Nähe von Winterthur.

Doch ich kehre in die Inflationsjahre nach dem Ersten Welt= krieg zurück, in denen sich eine Auflösung des Bestehenden auch darin ankündigte, daß Adelige und Bürgerliche, die in ihrem Leben nie daran gedacht hätten, Zimmer ihrer Wohnung zu ver= mieten, sich nun auch in diese Veränderung schicken mußten. Das Zusammenrücken der Familie brachte Unruhe, Angenehmes und Unangenehmes. Ich hatte einen Bekannten, der nach seiner ersten Erfahrung mit Mietern zu mir sagte: „Wissen Sie, das Vermieten kommt für mich gleich nach dem Bettelngehen!" Dem muß ich entgegenhalten, daß sich die Dinge auch anders gestalten konnten. Wir hatten mit unseren späteren Mietern Glück. Albert und Tila Rachel hieß das Ehepaar aus Chile, das in einem Wagen bei uns vorfuhr. Unsere Gäste waren sichtlich befriedigt, daß es ein großer Raum war, den wir ihnen boten. Auch, daß er — weil sie an einem heißen Augusttag ankamen — kühl nach dem weiten Innenhof zu lag.

In Österreich herrschte damals noch uferlose Inflation. Eine „Wiener Zeitung" kostete z. B. dreitausend Kronen. Und dieses österreichische Schicksal zog eben viele Ausländer magnetisch an. Man sah, besonders in der Festspielstadt Salzburg, deshalb nach langer Zeit wieder gut angezogene und apart gekleidete Menschen. Während wir uns mit aus billigem Ersatzstoff geschneiderten

Kleidern behelfen mußten, rauschte Frau Rachel an der Seite ihres Gatten in einem traumhaft schönen Abendkleid mit funkelnden Brillanten in die Festspielaufführungen.

Doch offenbar waren auch unseren Mietern Abstieg und Verfall unseres Landes bewußt. Sie erweiterten die freundliche Beziehung und fragten uns eines Tages, ob sie uns zu einem Souper einladen dürften. Nun hungerten wir ja nicht gerade, aber das Bedürfnis nach etwas Delikatem war groß und unser Staunen über die reich besetzte Tafel im Hotel mit Speisen und Weinen, die wir nur mehr dem Namen nach kannten, nicht viel geringer. Herr Rachel war ein charmanter Gastgeber, er gab das Geld in der Haltung eines Grandseigneurs mit vollen Händen aus. So schien es uns wenigstens, weil wir ja noch nicht ganz erfaßt hatten, daß unsere wertlose Krone den Ausländern jeden Luxus erschwinglich machte. Diese freundliche Beziehung blieb auch bestehen, als unsere Gäste nach Valdivia heimgekehrt waren. Herr Rachel besaß dort eine Apotheke, seine Frau stammte aus einer Familie von reichen Schiffsreedern. Im Herbst kam im Auftrag unserer neuen Freunde aus Hamburg eine Kiste mit köstlichen Lebensmitteln.

Nach ungefähr vier Jahren bekam Herr Rachel auf einmal Sehnsucht nach Europa und wollte uns mit seiner Frau besuchen. Schon war uns der Termin seiner Ankunft mitgeteilt. Aber was geschah? Ich werde die Erschütterung nie vergessen, die uns ergriff, als wir kurz vor diesem mit Spannung erwarteten Tag einen schwarz geränderten Brief in Händen hielten: Albert Rachel war ein paar Tage vor der geplanten Einschiffung plötzlich gestorben.

Jene Nachkriegsjahre waren auch eine Zeit besonderer intellektueller Wirrnis, eine Zeit des Ringens um neue Ideen. Als Gegenkraft kamen Mythen und uralte Weisheitslehren zu neuem Ansehen. Auch astrologisch suchte man den Gang der Weltgeschichte und die Geschehnisse zu deuten. Oskar A. H. Schmitz, besonders sterngläubig, verbreitete sich in jeder Gesellschaft über die von ihm eingehend studierten Lehren der Astrologie. Wenn ich mich recht erinnere, belehrte er uns, daß das Zeitalter der Fische zu Ende gehe und das Sternbild des Wassermanns bestimmend sein werde. Es bedeutet Innenschau, symbolisches Denken, Tiefenperspektive. Für Schmitz wurde Sternenkunde allmählich zu einem Zauberreich, in das er auch geringfügige Dinge

einbezog. So kam er einmal trotz seiner preußischen Pünktlich=
keit zu einer Einladung zu spät, weil die Konstellation in seinem
Horoskop eine Viertelstunde vorher ungünstig gewesen war.
Natürlich lachten alle darüber. Ein anderesmal erschien er mit
einem geradezu verstörten Gesicht bei mir und sagte, er habe im
Horoskop seiner Schwester gesehen, daß sie nicht mehr lang
leben werde, ja, daß ihr Tod noch im gleichen Jahr gewiß sei.
Mein Zureden half nichts, er war gebrochen und schilderte
fassungslos, was dieser Verlust für ihn und seinen Schwager
Kubin bedeuten würde. Er hielt das nahe Ende seiner Schwester
— die noch jahrelang munter lebte — einfach für besiegelt!

Auch Alfred Kubin war für Aberglauben anfällig. In einem
der ersten Nachkriegsjahre überfiel er mich eines Tages mit einem
sogenannten Kettenbrief. Jeder, der ihn erhielt, sollte ihn inner=
halb 24 Stunden neunmal abschreiben und an neun Personen seiner
Wahl weitersenden. Nach neun Tagen würde er dann ein großes
Glück erleben. Derjenige, der als erster die Kette unterbricht,
würde hingegen einen Glücksentgang erleben. Auf die Rückseite
des Briefes schrieb Kubin, er gebe „diese Glückschance an mich
weiter". Schlechter als das System des berühmten Coué sei dieses
amerikanisch organisierte Wunschverfahren sicher auch nicht.
Der letzte Satz bewies mir, daß er diese Ausgeburt des Aber=
glaubens doch mit einer gewissen Skepsis aufgenommen hatte.
Ich habe den „Glücksentgang" (im Original vermutlich ein an=
gedrohtes Unglück) mutig auf mich genommen, mir die blöd=
sinnige Schreiberei erspart, und diesen absurden Brief zu den
übrigen Briefen Kubins gelegt. Mein Mann war über solche Dinge
entsetzt. Er konnte einen hohen Bildungsgrad und einen so ver=
schrobenen Aberglauben noch weniger in Zusammenhang bringen
als ich. Er hatte ja das Reale des Leidens, der Krankheit und des
Todes immer nahe vor sich. Ihnen begegnete er mit dem Ureigent=
lichsten seines Wesens: mit einer unvergleichlichen Liebe und
Herzensgüte. Nie war ich einer solchen spontanen Natürlichkeit
zuvor begegnet. Seine heitere Liebenswürdigkeit, seine aufmerk=
same Zuwendung, die Achtung, die er dem anderen entgegen=
brachte, seine Ritterlichkeit, alles ging so selbstverständlich aus
seiner Natur hervor. Erika Rheinsch, die Frau Othmar Spanns, die
seine Gesellschaft nur während eines Mittagessens erlebte, hat ihn
als „ein Genie der Herzensgüte" bezeichnet. Der Zulauf der

Patienten aus allen Ständen und Klassen bewies seine menschliche Anziehungskraft.

Wer jene Nachkriegszeit des Jahres 1918 erlebt hat, wird noch im Gedächtnis haben, wie sehr sie sich von der des Zweiten Weltkrieges unterschied. 1945 atmeten die Menschen, als das unaussprechliche Grauen zu Ende war, zunächst einmal auf und wollten nach jahrelanger Verzweiflung wieder hoffen und das Land wieder aufrichten. 1918 hatte man zu hoffen aufgehört, als wäre es das Ende der Geschichte, der Abschied von allem Lebenswerten. Auch zitterte man vor dem drohenden Untergang aller Werte. Bestürzend rasch hatten ja so viele jede Ordnung stiftende, früher heiliggehaltene Überlieferung verworfen.

Wenn ich des Jahres 1919 gedenke, fällt es mir nicht leicht, die Fülle des Gewesenen zusammenzufassen. Nicht nur, weil seither so viele Jahre vergangen sind, sondern, weil in der Welt, in Österreich, in den Menschen, weil in unserer Familie, in mir selbst soviel Unüberschaubares vor sich ging: in der Welt, in der eine jahrtausendalte Ordnung zerbrach, die so sicher und klar geschienen hatte, daß alle an ihre feste Dauer glaubten; in Österreich, dessen unselige Zerstückelung man bis zuletzt für unmöglich gehalten hatte; in den Menschen, die erschüttert gewaltige Veränderungen erlebten; in der Familie, die von vielen Sorgen umdunkelt wurde und schließlich in mir selbst, denn ich sah in jenem Jahr nach der Geburt meines dritten Kindes in der schwersten Erkrankung meines Lebens den Tod nahe vor mir.

In was für eine Welt war dieses Kind hineingeboren? In den Untergang des Reiches, dieses mächtigen Habsburgerstaates, durch Jahrhunderte Herr über viele Völker — jetzt durch den Spruch der Sieger auseinandergerissen. Was zunächst folgte, war ein chaotischer Kampf ums Dasein. Noch habe ich die Bilder vor Augen, die sich mir auf der Straße boten. Die ausgehungerten Menschen in abgenutzten Kleidern, die Heimkehrer mit zerrissenen Schuhen, in zerfetzten Uniformen, die Offiziere ohne Achselklappen. Die abgrundtiefe Traurigkeit jener, über die so harte Not gekommen war: das absolute Nichts, vor dem sie plötzlich standen. Aber auch die selbstbewußten Mienen jener, die durch Schiebungen, Valutenschmuggel und durch geschickte Ausnutzung der Not anderer plötzlich reich und oft über Nacht Villen- und Schloßbesitzer geworden waren.

Da in jener Zeit besonders die Banken aufblühten und wir in einem Bankhaus wohnten, traf auch uns damals etwas gänzlich Unerwartetes: in der eingelaufenen Post fand sich eines Tages ein eingeschriebener Brief mit der gerichtlichen Kündigung unserer Wohnung. Eine wahrhaft erschreckende Bedrohung, die uns so unvorbereitet traf, als hätte uns jemand den Boden unter den Füßen weggezogen. Wir wußten ja, wie schwierig es war, für eine vielköpfige Familie und die erforderlichen Ordinationsräume eine passende Wohnung zu finden. Sie sollte ja auch im Zentrum sein, denn Ärzte waren damals gezwungen, sich möglichst in der Stadt=mitte niederzulassen.

Dazu strömten seit kurzem auch in unsere Stadt aus allen Zonen der Monarchie Wohnungsuchende. Wir beschlossen daher, uns mit Berufung auf das Mietengesetz an das Gericht zu wenden.

Gleichzeitig stellten wir aber auch andere Überlegungen an: Sollten wir nicht die Gelegenheit wahrnehmen und unsere alte Sehnsucht nach einer größeren und komfortableren Wohnung zu verwirklichen trachten? Vielleicht war das schicksalhafte Ereignis ein Hinweis? Unsere Alt=Salzburger Wohnung hatte zwar ihren besonderen Reiz, aber sie war eben zu klein. Wir konnten uns nicht verhehlen, daß sie nach der Geburt des jüngsten Kindes unseren Ansprüchen noch weniger genügen würde. Dann hätte auch die Wirtschaft mit dem vorsintflutlichen Badezimmer im fünften Stock ein Ende. Man durfte es nur einmal in der Woche benützen und mußte die Kohlen hinaufschleppen. Auch der dunkle Korridor fiel mir ein.

Nun standen wir mit dem Vertreter der Bank vor Gericht. Eindringlich, aber ungemein höflich trug mein Mann dem Richter die Gründe vor, die es ihm unmöglich machten, auf den von der Bank angebotenen Tausch einer Dreizimmerwohnung in der Lasserstraße einzugehen. Es handle sich ja bei uns um einen neunköpfigen Haushalt und um die erforderlichen Ordinations=räume. Ich saß unter den Zuhörern und traute meinen Ohren kaum, als mein Mann durch einen gegnerischen Zwischenruf unterbrochen wurde: „Er habe schon Leute gekannt, die jetzt in einem Waggon leben mußten!" Ich habe vergessen, was mein Mann empört erwiderte, doch habe ich in Erinnerung, daß er selten so erregt war. Der Richter bezeugte ihm betonte Freund=lichkeit und vertagte die Verhandlung auf sechs Monate.

In diesem Zeitraum wurde das Mietengesetz bedeutend verschärft. Meinen Mann verdroß aber das Erlebte immer noch und wie mich bedrängte nun auch ihn der Wunsch nach einer gewissen Weiträumigkeit. Wir beschlossen also, auf eigene Faust eine Wohnung zu suchen.

Im Leben kann oft ein Zufall eine umwälzende Rolle spielen. Ein solcher war es, als eines Tages die dicke Selcherin in der Marktgasse, bei der ich manchmal etwas kaufte und die eine Patientin meines Mannes war, sich nach unserem Befinden erkundigte. Ich hatte den Einfall, ihr zu erzählen, was uns bedrückte, und sie zu fragen, ob ihr vielleicht eine freie Wohnung im Zentrum bekannt sei. Eine „komische" Adresse, an die ich mich wende, fiel mir ein!

Nach den üblichen Ausrufen bedauernder Überraschung nahm ihr Gesicht auf einmal einen Ausdruck an, als ob in ihrem Gehirn etwas aufblitze, und während sie rasch eine zu ihrem Stand hinzutretende Kundin abfertigte, sagte sie: „Ja, ... übrigens warten S', gnä Frau ... da fallt mir was ein." Herzklopfend wartete ich. Nach einer nachdenklichen Pause erzählt sie geheimnistuerisch, mit gedämpfter Stimme, zum Langenhof hinaufzeigend: „Da oben wär eine herrliche Wohnung, riesige Räume, riesiger Dachboden, schöne, breite Stiegen, große Fenster, riesige Keller." Das sich häufende Beiwort „riesig" wirkte so aufregend auf mich, daß es mir heute noch in den Ohren klingt.

„Ja, ist denn diese Wohnung frei?" fragte ich.

„Nein, natürlich nicht", erwiderte sie. „Aber die Herrschaften, die dort sind, mögen die Wohnung nicht, weil sie ihnen zu düster ist. Die Dame soll schon ganz melancholisch sein, weil sie unbedingt eine Wohnung im Grünen möcht. Ich mein, die könnt ihr die Bank doch leicht verschaffen?"

Obwohl sie die Wohnung nie betreten hat, weiß sie — auch über die sämtlichen Bewohner des Langenhofs — noch eine Menge Einzelheiten, sie weiß — wie es ihrem Stande ziemt — alles.

Wie? ein so leicht zu lösender Fall? Und keine Utopie? Und alles dicht vor mir, ich kann sogar zu den Fensterreihen hinaufschauen! Ich stehe und weiß nicht, wie mir geschieht.

„Danke, leben Sie wohl!" sage ich, „ich werde meinem Mann alles erzählen." Dann eile ich durch den Ritzerbogen und schwenke in die Sigmund=Haffner=Gasse ein, um dort den

Langenhof von vorne anzuschauen. Ich hatte ihn ja hundertmal gesehen, aber jeder weiß, wie das ist: Man sieht und sieht doch nicht. Jetzt aber stelle ich mich gegenüber hin und meine Augen gehen über die lange Fassade mit den zwei wappengeschmückten Portalen. Dazwischen sind braungestrichene Geschäftsportale, die den Bau verschandeln. Welcher Niedergang, denke ich. Dann zieht es mich in das Gebäude hinein, das von mehreren Parteien bewohnt wird, weshalb mich ja niemand fragen wird, was ich hier suche. Während ich die Marmortreppe, die hell und breit ist, hinaufsteige, bin ich schon entzückt und ganz von dem Gedanken beherrscht: riesige Räume, zentrale Lage, melancholische Dame, Wohnung im Grünen...

Zu Hause muß ich erst Atem schöpfen, als ich von der merkwürdigen Begegnung erzähle, dem ersten Schritt meiner Wohnungsuche, bei dem wir am Beginn sozusagen schon das Ende in Händen hielten. Und in der Tat war nun das eine mit dem andern fast reibungslos verknüpft. Denn als der Bankdirektor die Geschichte erfährt, mobilisiert er alles, was ihm zu Gebote steht, jagt der „Wohnung im Grünen" nach, findet eine, die den Partnern im Langenhof gefällt, nimmt mit uns Verhandlungen auf, und wir sagen „topp", wenn die Bank alle Spesen zu tragen bereit sein würde.

Nun hätte es nach Fug und Recht noch einen Partner geben müssen: den Grafen Leo Kuenburg, den Hausherrn, dem ja der Langehof gehörte. Besitzer nach Wortlaut des Grundbuches, entmachtet nach Wortlaut des neuen Gesetzes, das ihm das Recht entzog, eine Wohnung nach eigenem Gutdünken zu vermieten.

„Vom Waggon zum Palast" hätte man die Rolle überschreiben können, die uns selbst dabei zugedacht war. Denn der Langehof ist — wie man es im Hübner nachlesen kann — „der vom Erzbischof Max Gandolf für die gräfliche Familie Kuenburg mit fürstlicher Pracht und aller Bequemlichkeit erbaute 200 Fuß lange Palast."

Im Dezember 1920 bestätigte also das Salzburger Meldeamt, daß wir vom Alten Markt Nr. 4 in die Sigmund=Haffner=Gasse 16 gezogen waren. Inmitten der Turbulenz des Umzugs und Einrichtens machte der einjährige Gilbert seine eben erlernten ersten Schritte.

17 Jahre im Langenhof

Wie war es nun eigentlich mit der von Hübner gepriesenen Bequemlichkeit des im 17. Jahrhundert erbauten Langenhofs bestellt? Die Küche war genauso altmodisch wie die am Alten Markt, dafür aber so groß, daß mindestens sechs der heute üblichen „amerikanischen Küchen" Platz gehabt hätten. Ihr mit keinem Belag versehener Holzboden mußte jeden Samstag auf den Knien gerieben werden. Bad und warmes Wasser fehlten ganz. Aber die Bank hatte sich verpflichtet, diesen Mängeln ab= zuhelfen.

Über unseren Mangel an vorausblickendem Geschäftssinn kann ich heute nur staunen. Hatten wir doch schon früher Er= fahrungen darüber gesammelt, daß Kostenvoranschläge nie den endgültigen Kosten entsprachen. Die Bank verfügte über einen gewandteren Kontrahenten. Es gelang ihm, uns mit einem völlig ungenügenden Pauschale abzufinden. Der Ärger darüber ist längst verjährt, unser Verlust ging ohnehin im Topf der Inflation unter. Es standen uns zwei Treppenaufgänge zur Verfügung. Einer von dem breit angelegten Innenhof zu den Ordinations= räumen, und einer von der Sigmund=Haffner=Gasse aus zu unserer Privatwohnung. Ihr Flächenraum war riesig. Der des Speisezimmers allein maß 64 Quadratmeter. Als der an der Uni= versität Innsbruck studierende Sohn Franzl zu einem kurzen Urlaub kam, beanstandete er neben der Düsterkeit auch die unge= heuren Ausmaße der neuen Wohnung. „Schafft euch Rollschuhe an!" riet er lakonisch. Ich aber setzte allem einen freudigen Optimismus entgegen, zu groß schien mir besser als zu klein. Die Dunkelheit des großen Zimmers konnte man allerdings nicht leugnen. Wir frühstückten bei elektrischem Licht und aßen zu Mittag bei Licht. Aber man ging ja dem Winter mit den kürzesten Tagen entgegen, da spielte die Sonne freilich im Tag oft nur eine halbe Stunde lang auf dem Blumentisch in der Fensternische und verschwand dann hinter dem hohen Dach der Franziskaner=

kirche. Das würde, wenn der Tag zunähme, anders sein, tröstete ich alle. Die hundert Schritte, die man von dem vorderen bis zum hinteren Eingang zurücklegte, hatte Franzl richtig gezählt, aber wir waren ja alle mobil und gesund, und den kleinen Gilbert fesselte die Weite. Das mit Rädern versehene Kindertischchen vor sich herschiebend, durchraste er leidenschaftlich und öfter als uns lieb war die Wohnung. Und wo findet man alles so verwirklicht, wie man es wünscht?

Unanfechtbar war jedenfalls die vornehme Schönheit der Räume. Das Ordinationszimmer wies einen Stuckplafond auf, die alten Türen hatten kunstvolle Beschläge, die alle das Kuen=burgische Wappen zeigten. In dem größten Zimmer war nun für alles Raum. Was früher in dem kleinen Salon so gedrängt aus=sah, hätte hier nicht glücklicher stehen können.

Die einzigen Fenster, durch die Sonne drang, waren die der vorderen Korridore. Ohne die verunglückten Neu=, Um= und Zubauten des gegenüberliegenden Residenztraktes hätte man von dem großen Zimmer auch heute noch den freien Blick ins Helle wie vom Korridor aus. Heute sieht man von diesem über die Sigmund=Haffner=Gasse hinweg in den Hof der Polizei=direktion und auf einen Turm des Domes. Auch auf eine Her=kulesstatue fällt der Blick. Sie steht in einer mit Wandmalereien geschmückten Nische, dem Rest der monumentalen Hofanlage, die einst den reizvollen „Wolf=Dietrichs=Garten" umschloß. Wieviel Schönes mag auch damals demoliert worden sein! Bei allem Kunstsinn, mit dem die Kirchenfürsten die wundervollen Archi=tekturen schufen, mißglückte auch ihnen manches. Aufschluß darüber kann nur die Bau= und Kunstgeschichte jener bewegten Zeiten geben sowie die scharf ausgeprägten Charaktere der Erz=bischöfe, die zugleich Salzburgs weltliche Regenten waren. Auch Zänkereien mögen damals wie heute vieles verwirrt und sonder=bare Dinge gezeitigt haben.

Ist es, um nur ein Beispiel anzuführen, Legende oder soll man es wahrhaftig den Folgen einer Rache zuschreiben, die der Nach=folger Max Gandolfs, der Erzbischof Johann Ernst, an den Kuenburgern verübte, daß er ihnen die Kollegienkirche vor die Fenster des westlichen Flügels des Langenhofes setzte? Dieser liegt mit den repräsentivsten Räumen des Gebäudes gegen die Marktgasse, der heutigen Wiener Philharmonikergasse.

Welche Aspekte charakterisieren in meiner Erinnerung die Erlebnisse jener ersten Jahre im Langenhof? Es waren zwei sehr verschiedene: die Katastrophe der Inflation und der Impuls eines gewandelten geistigen Lebens in Salzburg. Doch gesellte sich das eine, so scheint es mir heute, nicht so übel zum andern. Wie es im Jahre 1921 um die dringendsten Lebensmittelbedürfnisse gestellt sein mußte, illustriert mir heute die Einladung der Baronin Helene Thienen: Ich möge doch auf einige Tage nach Katzenberg kommen, wo ich mich nach den überstandenen Hungerjahren bei ihnen nach Herzenslust sattessen könne. Als Alfred Kubin von dieser freundlichen Aufforderung hörte, ermunterte er mich zu meinem längst fälligen Besuch in Zwickledt bei Wernstein. Schloß Katzenberg lag nicht weit von Wernstein.

Die Stunden in Katzenberg waren ein reizvolles Erlebnis. Sie waren es nicht nur wegen der vergnüglichen Unterhaltung mit meinen Gastgebern — Helene Thienen gehörte zum Freundes= kreis Hermann Bahrs und war eine Nichte der großen Erzählerin Ebner=Eschenbach — auch das alte herrschaftliche Schloß mit dem weiten Park in der mir neuen oberösterreichischen Landschaft ent= zückte mich. Unter den Fenstern meines Zimmers floß der Inn. Wie bestaunte ich das faszinierende Naturschauspiel, wenn beim Untergang der Sonne ihre Strahlen im Fluß allmählich versanken.

Mit dem mir bekannten grauen Wettermantel um die Schultern, holte mich Alfred Kubin nach meinem Abschied von Katzenberg am Bahnhof in Wernstein ab. Wir bogen in eine Straße ein, die längere Zeit bergan stieg. Ich war sehr neugierig, seinen Wohnsitz, das Schlößchen Zwickledt, von dem er uns so oft erzählt hatte, kennnenzulernen. Aus einer Postkarte seiner Frau wußte ich ungefähr, wie es aussah und daß sich auf dem Dach ein Glockentürmchen mit einer Uhr befand. Die Glocke mußte, so erzählte mir Kubin, bei jedem Todesfall, der sich in dieser Gegend ereignete, von ihm geläutet werden. Seit 1907 besaß das Ehepaar Kubin dieses Landschlößchen Zwickledt. Es ist schwer, nach so vielen Jahrzehnten eine genaue Beschreibung von allem zu geben. Es blieben mir mehr die Gefühle haften, die bei jenem Besuch alles in mir hervorrief, besonders die ländliche Stille auf der einsamen Anhöhe. Ich wüßte auch die Innenräume des Schlößchens nicht mehr zu beschreiben. Sie schienen mir eher ein=

fach. Da ich eben aus dem vornehm ausgestatteten Schloß Katzenberg kam, mag sich dieser erste Eindruck verstärkt haben. Umso deutlicher blieb mir im Gedächtnis, daß mich in diesen Räumen sofort eine künstlerische Atmosphäre umfing, etwas ausgesprochen Kubinisches, die alten Stiche und Zeichnungen an den Wänden, die vielen Bücher und das kleine Arbeitszimmer. Auf dem Zeichentisch am Fenster lagen aufgehäuft Zeichen=papiere, Stifte, Federn, Tusche und Utensilien aller Art. Ich wußte bis dahin gar nicht, daß es so viele Arten von Zeichen=federn gibt, wie sie Kubin abwechselnd verwendete: Rohrfedern, Gänsefedern, Truthahnfedern, Rabenfedern usw. Er zeichnete mit Vorliebe auf altem Büttenpapaier und erzählte mir, daß er schon seinen Vater, der als Geometer nach Zell am See versetzt worden war, um ausrangierte Katasterblätter gebettelt habe, deren freie Rückseite er vollzuzeichnen pflegte. Auch mich bat er nun, ähnliches Papier, das man oft wegwirft, immer für ihn aufzu=heben. Dann führte er mich auch noch in die anderen Räume. Wir durchstöberten seine Bibliothek, er zeigte mir interessante alte Graphiken. Im kleinen Arbeitszimmer setzten wir uns an den Zeichentisch. Kubin, dessen Sehkraft etwas nachgelassen hatte, stülpte einen grünen Augenschirm auf seinen Kopf und holte unermüdlich neue Blätter und von ihm illustrierte Mappen aus einem Schrank. Waren es solche, die mit persönlich Erlebtem verflochten waren, erzählte er mit besonderer Wärme, was und warum es seine Phantasie zu dieser Gestaltung angeregt hatte. Wie genial fand er oft mit knappen Strichen den Ausdruck für die phantastische Welt, die er in sich trug, für alles Geheimnisvolle, Gespenstische, Spukhafte.

Daß Dostojewski ihn besonders inspiriert haben mußte, wurde mir erst später bewußt, als ich zufällig dessen Ausspruch las: „Das, was die Mehrheit oft phantastisch nennt, bildet für mich oft den Inbegriff der Wahrheit." Beim Anblick von Kubins visionären Darstellungen, wie etwa „Der wüste Garten", der „Sterbenden Stadt" mit den taumelnden Häusern, den stürzen=den Mauern und zerbröckelnden Fassaden ist einem oft zumute, als wären sie in einer Vorahnung drohender Vernichtung ge=schaffen. Als könnte man in diesen Höllen= und Untergangs=bildern nach allem, was sich heute begibt und noch zu begeben droht, „die Schrift an der Wand" erblicken. Doch waren es nicht

nur Angst= und Alpträume, die Kubin zu so gespenstischen Dar=
stellungen inspirierten. In seiner Brust wohnte eine zwiespältige
Seele, er fühlte sich auch zum heiteren Alltagsgeschehen hinge=
zogen. Der Humor war ein starker Wesenszug bei Kubin. Selbst
in die Tragik mischte er oft Komisch=Groteskes. In solchen
Werken verrät sich das menschlich Liebenswürdige Kubins, seine
Neigung zum weisen Sehen und Betrachten der Dinge. Es drängte
ihn förmlich vom Gegenständlichen, vom Beobachteten spannend
und genau zu erzählen. Gerade diese liebevolle Hinwendung zum
Kleinsten läßt dem Beschauer alles mit immer neuem Interesse
betrachten. So etwa die Blätter „Der neue Robinson", „Der Früh=
stückstisch" in dem träumerischen Garten, „Der Truthahn" oder
„Das Fischerglück". In ihnen offenbart sich Kubins außerge=
wöhnlicher Sinn, jene andere Wirklichkeit aufleuchten zu lassen,
die hinter dem Sichtbaren liegt.

Wegen des kühlen Herbstwetters waren wir im warm ge=
heizten Zimmerchen, in dem Hedwig Kubin den Tisch gedeckt
hatte und wo wir nun zu dritt beim Mittagessen saßen. Kubin,
wie immer äußerst gesprächig, seine etwas behäbige, fast mütter=
liche wirkende Frau eher schweigsam. Im Gegensatz zu ihrem
nervösen, lebhaften Gatten wirkte sie mit den ruhig blickenden
Augen, wenn ich die beiden verglich, auf mich wie das Urbild
sanfter Geduld, mit der sie Kubins hypochondrische Eigenheiten
ertrug. Er nannte sie einmal mit Recht seine „gute Fee" und „das
Beste, was ihm das Schicksal gegeben" hätte. Kubin war kein
einfacher Charakter. Mit einem milden Lächeln erzählte Hedwig
in seiner Gegenwart so manche egozentrische Episode, die er
scherzend bestätigte. So, wie er sie einmal während ihrer ernsten
Krankheit bat, ihm für alle Fälle noch einen Trauerflor anzu=
nähen! Mit wieviel Rücksicht muß sie auch über eine kurze
Epoche hinweggekommen sein, in der er Buddha nachfolgen
wollte. Später nannte er selbst all das einen Spuk. Kubin war ein
Grübler. Nach der Lektüre von Kant, Schopenhauer und
Nietzsche hatte er jeden dieser Philosophen für sich entdeckt und
war den verschiedensten Spekulationen und Wirrnissen erlegen.
Als ihm schließlich auch noch das Grimmsche Buch von der Lehre
Buddhas in die Hände kam, stürzte er sich in den Buddhismus,
brach allen Briefwechsel und Verkehr mit Freunden ab und zog
sich nicht nur von seiner Umgebung, sondern auch von seiner

Frau zurück. Sie mußte ihn bitten, wenigstens im Hause zu schlafen. Dort richtete er sich nun einen kleinen Raum ein, in dem er nur einen Strohsack und einen Waschtisch beließ und den außer ihm niemand betreten durfte. Er las die Reden Buddhas, aß möglichst kein Fleisch, entfernte bei Regen Hunderte von Regenwürmern auf der Landstraße, damit sie nicht umkamen. Hätte er nicht alles selbst berichtet, würde man es kaum glauben. Mit seiner Lodenpellerine hockte er auf einem Strohhaufen im Walde und übte auf eine den Buddhisten vorgeschriebene Weise Atemtechnik. Daß einen so oft von Angst gequälten Hypochonder diese Atemübungen anstrengen mußten, ist erklär=lich. Als er dann immer häufiger einen Druck in der Herzgegend verspürte, ließ er angstvoll von dem Wahn und erkannte, daß er die gesuchte Ekstase nur in seinem leidenschaftlichen Künstler=tum finden konnte.

Jeder Künstler hat eine Eigensprache. Kubin war eine ver=liehen, die alles bis auf den Grund durchleuchtete, das Alltäg=liche und das Phantastische, das Wunderliche und das Tragische, das Groteske und das Trübsinnige, die Eitelkeiten und Leiden=schaften des Menschen, das Humoristische und das Komische — aber auch das Grauen und die tiefsten Tiefen des Dämonischen. Deshalb erregen seine Zeichnungen Begeisterung, Entzücken und Heiterkeit, aber zuweilen auch Ekel und Schauder.

Zu dritt hatten wir bei diesem behaglichen Zusammensein noch eine Reihe von Gesprächsthemen, ernste und heitere, so auch über die prekäre Weltlage und die Angst vor weiteren Kata=strophen. Alfred Kubin war wegen der Lage auf dem Kunstmarkt besonders bedrückt. Seine Frau hingegen vertrat die gelassene Meinung, sie sei überzeugt, daß sie immer das Notwendige haben würden.

Wir sprachen von ihrem Bruder Oskar Schmitz, von Kubins Schwester Mizzi, die ich gut kannte, von meinen Geschwistern, die Kubin so treffend charakterisierte, von gemeinsamen Freunden und Bekannten. So auch von Anton Faistauer, der oft in unser Haus kam und ein Porträt meines Mannes angefertigt hatte. Und immer wieder erinnerte sich Kubin an Jugend= und Kindheitserlebnisse. Eines davon will ich in diese Schilderung einfügen, wie er es selbst erzählte und illustrierte.

Der kleine Hiasl, Sohn des Kaminkehrers von Zell am See,

war ein intimer Freund und Hauptspießgeselle des kleinen Alfred Kubin. Da Hiasls Vater einmal in das benachbarte Dorf Bruck ging, um Gelder einzukassieren, nahm er auch seinen Sprößling mit. Alfred Kubin wollte die beiden nur ein Stück Weges begleiten, aber der Kaminkehrer übernahm auch für späte Heimkehr groß= gelaunt die Verantwortung vor dem gestrengen Vater. Als der immer durstige Rauchfangkehrer sein Geld einkassiert hatte, blieb er in einem Wirtshaus sitzen und fing zu zechen an. Die Buben spielten hinter einer Kegelbahn; als es dämmerte und sie

schon müde geworden waren, setzten sie sich ebenfalls in die Wirtsstube. Es war bereits mondhell, als sie sich endlich auf der kleinen Promenade am Zeller Seeufer auf dem Heimweg be= fanden. Das obenstehende Bild skizziert treffend, wie humor= voll Kubin später diesen Heimweg mit wenigen Strichen in eine Zeichnung gebannt und in den „Münchner Neuesten" veröffent=

licht hat: den langen Kaminkehrer, der mit wankenden und doch eiligen Schritten die zwei Buben hinter sich herzieht, links den kleinen Alfred mit Matrosenbluse und Girardihütchen, rechts seinen eigenen Buben, der krampfhaft einen Regenschirm mit dem Griff nach unten festhält. Und dies alles vom Mond beschienen, das fidele Kleeblatt und die Wellen am Ufer. Obwohl der Kamin= kehrer weinselig frohe Lieder singt, ist Alfred immer zaghafter zumute, und als sie in militärischem Gleichschritt in den Markt einmarschieren, sieht er zu seinem Schrecken den gefürchteten Vater wartend im Schatten eines Hauses stehen. Die von Hiasls Vater versprochene Verteidigungsrede ist wegen seines schweren Zungenschlags nicht mehr wirksam, weshalb die übliche Straf= predigt auf den kleinen Alfred niedersaust — mit dem etwas theatralischen Schlußsatz:

„Zehn Jahre meines Lebens hat mir der Bub wieder geraubt!"

In wessen Obhut blieb der kleine Gilbert, wenn ich, was jedoch selten vorkam, verreiste? Er fühlte sich nun auch in der Liebe seiner beiden Schwestern, die damals zwölf und vierzehn Jahre alt waren, geborgen.

Er hatte sein zweites Lebensjahr noch nicht vollendet, als er uns durch seinen Wortschatz, durch sein immer gescheiter werdendes Geplapper, durch sein Gedächtnis, wodurch er lange Verse aus dem Bilderbuch aufsagen konnte, überraschte. Am meisten aber verblüffte uns die frühe Entfaltung einer großen Musikalität.

„Ich glaub, der Bub ist musikalisch", sagte mein Mann eines Tages zu mir. „Ich höre oft durch die Türe, wie er Hedwig (die Köchin) korrigiert, wenn sie immer die gleiche Stelle in seinem Kinderlied falsch singt." Bald darauf — er mochte ungefähr drei Jahre zählen, sollte ich einen weiteren Beweis seiner musi= kalischen Begabung erleben. „Weißt du", sagte ich ihm einmal, um ihn anregend zu beschäftigen, „daß die Töne auch Namen haben? So, wie du Gilbert heißt, heißen diese Töne a, b, c, d, e usw." Ich sah ihm an, daß ihn dieses faszinierte. Gespannt ver= suchte er nun die Tonleiter zu spielen, schaute mich dabei immer wieder beglückt an und war vom Flügel nicht mehr wegzubringen. Als ich später zur Tür hereinkam, rief er, mir einen Ton an= schlagend, zu: „Mama, was ist das?" „Das weiß ich ja nicht, wenn

ich es nicht sehe", meinte ich. Darauf er: „Aber du hörst es ja."
Ich: „Ja, aber ich muß es auch sehen." Er blieb ungeduldig dabei, daß ich es ja hören könne, und, um ihn vom Gegenteil zu über=
zeugen, hob ich ihn vom Klavierstockerl, stellte ihn mit dem Rücken zum Flügel und sagte, eine Taste anschlagend: „So jetzt weißt du auch nicht, was das ist." „O ja", erwiderte er, „g". Ich dachte, er habe es erraten, schlug eine andere Taste an und noch weitere in der höheren und tieferen Oktav — aber das Kind irrte sich nicht ein einzigesmal.

Gilbert verblüffte auch einmal Primar Karajan. Ich erinnere mich zufällig, wie er ihm einmal unverzüglich und fehlerlos das auf der Klarinette geblasene Opernmotiv „Nie sollst du mich befragen", mit einem Finger am Klavier nachspielte. Vierjährig lag er einmal mit Fieber im Bett. Ich maß seine Temperatur und rief etwas verzagt aus: „Schon wieder 39!" Darauf er: „Ich kann ja auch nicht gesund werden, wenn Gertrud immer statt fis f spielt!" Sie saß, zwei Räume von ihm entfernt, am Klavier, und griff bei ihren Übungen manchmal daneben. Oft unterbrach nun Gilbert plötzlich sein Spiel und setzte sich ans Klavier, denn nun gehorchten seine kleinen Hände immer williger der in ihm wohnenden Naturanlage. Er liebte es, zu phantasieren. Als ihm dies einmal besonders geglückt schien, schoß er plötzlich zu mir ins Zimmer herein und sagte freudestrahlend: „Hast du spielen gehört? Wer glaubst du, hat gespielt? Ich! Das war der dunkle Wald in der Nacht, die Wölfe, die im Wald plötzlich aufgewacht sind und dann der Weihnachtsabend im Winter."

Uns schien es aber nun an der Zeit, an einen planmäßigen Musikunterricht zu denken. Der Operndirektor Schalk, den wir gut kannten, hatte uns sehr ans Herz gelegt, mit Klavier= und Geigenunterricht gleichzeitig zu beginnen. Er hielt es wegen des Gehörs für wichtig und sagte, man merke es z. B. Dirigenten oft an, wenn sie nicht mit der Geige vertraut seien.

Aus einer erhaltenen Notiz ersehe ich, daß ich Gilbert im September 1925 ins Mozarteum führte, und ein Fräulein Payer ihm in Gegenwart des Konzertmeisters Prof. Müller die erste Geigenstunde gab, die er selbst überwachen wollte. Eines Tages begegnete mir Prof. Ledwinka, der mich fragte, wie es dem „Bübele" ginge. Ob ich es ihm nicht bringen wolle, er möchte es hören und würde es jetzt schon in seine Klasse nehmen. Ich er=

widerte verlegen, ob er auch wisse, daß das Kind ja noch sehr klein sei und noch gar nicht lesen könne. Es sei ihm lieber, meinte er, wenn es von Anfang an in seine Hände käme. Wir waren dankbar, daß Gilbert nun einen so begeisternd sprühenden Musiker als Lehrer bekommen sollte; einen Erzieher von solcher Lebendigkeit, als den wir Ledwinka kannten. Wenn nebst dem absoluten Gehör auch eine künstlerische Begabung in dem Kinde stecken sollte, wer konnte sie besser zur Vollendung bringen als ein Musiker von so anregender Art?

So begannen also die zwölf Studienjahre Gilberts am Mozarteum. Für die Überwachung des Übens gewann ich einen ausgezeichneten, alten Musiker, den uns Ledwinka empfohlen hatte. Die Stunden im Hause Karajan und bei uns brachten ihm die materielle Hilfe, die er so nötig hatte. Er lebte in dürftigen Verhältnissen und war ein einsamer Sonderling, dessen Anblick mich oft rührte, wenn ich ihn in seiner ärmlichen Kleidung durch die Gassen irren sah. Er hatte einen grauen, ungepflegten Bart, einen zu dünnen Mantel und fast immer Notenblätter unterm Arm. Wenn er so vor sich ins Leere blickte, merkte man ihm an, daß er nichts von dem wahrnahm, was um ihn vorging. Kam er zur Stunde, so pflegte er jedesmal die Schuhe auszuziehen. Ob= wohl ich dagegen protestierte, saß er nie anders als in dicken Wollsocken neben seinem Schüler am Klavier. Er hatte etwas Kindliches und zugleich Mythisches an sich. Als ich einmal mit Gilbert etwas verspätet nach Hause kam und die Dämmerung schon in Dunkel überging, fanden wir den alten Mann wartend im unbeleuchteten Zimmer sitzen. Ich griff nach dem Schalter und fragte bestürzt, ob man ihm denn kein Licht angezündet hätte. „Ich habe es selbst ausgelöscht", erwiderte er, „es ist schade um den Strom, ich langweile mich auch im Dunkeln nie", versicherte er, „ich kann mich so viel besser in meine Empfindungen ver= senken und meinen Gedanken nachhängen." Diesen Ausspruch, mit dem er deutlich machte, daß das Licht für ihn aus der Innen= welt kam, habe ich auch jetzt nach Jahrzehnten nicht vergessen.

Obwohl ich mir im Sinne Ledwinkas Mühe gab, Gilberts Hang zum Phantasieren etwas einzudämmen, war das nicht ganz leicht. Sobald er Noten schreiben gelernt hatte, beschrieb er das Noten= papier fieberhaft mit seinen kleinen Kompositionen. Er ver= sprach mir z. B. für meinen Geburtstag drei von ihm komponierte

Stücke: zum Frühstück eins für Klavier, zum Mittagessen eins für Klavier und Geige, zur Jause eins für Klavier, Cello und Geige. Er sehnte sich offenbar nach dem Widerhall, und da der musi= kalische Papa ihn selten anhören konnte, erkor er mich zu seinem Publikum. Eifrig rückte er dann einen Lehnstuhl in die Nähe des Klaviers, kündigte mir nicht weniger als zehn Sätze an, notierte mir die Tonarten und „wo ein dicker Strich ist, sind es die schönsten Sätze, die mir am besten gefallen, und jetzt sollst du auch einen Strich machen, wo es dir am besten gefällt." Ich sagte, ich sei nicht so musikverständig, aber ich würde sehr genau auf= passen, wenn es mir besonders gefällt. Nun spielte er mir seine Eingebungen vor und war nach den beschauten Strichen mit meinem Geschmack so zufrieden, daß es ihn zu dem köstlichen Urteil bewog: „Du bist gar nicht so unmusikalisch, wie du glaubst!"

Was fast alle Kinder, noch ehe sie in die Schule gehen, vor den Erwachsenen auszeichnet, ist ihre Originalität. Noch ehe sie die Sprache richtig zu formen vermögen, überraschen sie uns oft durch phantasievoll hingeworfene Wortbilder. Gilbert verglich immer sehr anschaulich: „Mama, steh doch auf, es ist ja schon mövenfrüh!" Ich fragte: „Mövenfrüh?" Er darauf: „Ja, man sagt ja auch rabenschwarze Nacht." Oder nach einer Rauferei mit einem „Groblackl" in der Schule: „Ich muß dem Papsi meine Grobianwunde zeigen." Seinen Halbbruder Franzl nennt er „den lärmkranken Strengbruder", weil er sich in seiner Gegenwart immer besonders ruhig verhalten soll. Wenn man ihn mahnte, pünktlich vom Hof heraufzukommen, konnte er nicht „auf seine Nichtsuhr schauen". Auf meine Ermahnung, nicht wieder seine Mütze liegen zu lassen: „Nein, nein, du mußt doch denken, daß ich jede Minute gescheiter werde!" Die endlose Periode des Fragens ermüdet Eltern zuweilen und ist doch ein Zeichen regen Verstandes. „Wie macht man einen Faden?" — „Kann man zählen, wie viele Menschen es gibt und wie weit kann man überhaupt zählen?" — „Heißen manche Leute reichsdeutsch, weil sie so reich sind?" So ging es oft endlos weiter, und als Gertrud ihm einmal auf eine technische Frage erwiderte, sie verstehe das nicht, sagte der Siebenjährige: „Mir erklärt es ja auch niemand. Ich schau mir's gut an, dann denk ich nach und dann weiß ich's auf einmal."

Mit beseligender Erwartung sah Gilbert immer der Rückkehr seiner in Wien studierenden Schwestern entgegen. Er fühlte sich einsamer, wenn sie nicht da waren, und litt sichtlich unter jedem Abschied. Als sie ihm einmal von der Notwendigkeit ihres Studiums sprachen, meinte er: „Aber, wenn ich euch doch verspreche, daß ich euch beiden ein Obdach gewähre, wenn ich einmal groß bin, dann könnt ihr doch zu Hause bleiben und das Studium ganz aufgeben."

Von dem um einige Jahre älteren Friedl wurde der erkrankte, bettlägrige Gilbert einmal besucht. Gilbert fühlte sich als „Onkel" des um einen Kopf größeren Friedl und pflegte ihn als „mein Neffe" vorzustellen. Dies mit einigem Recht, da Friedl als Sohn eines Neffen meines Mannes der jüngeren Generation zuzurechnen war. Friedl war hochbegabt, er hatte von seiner Mutter das Dichterische, vom Vater und Großvater, dem Geologen und Ordinarius, eine mehr naturwissenschaftliche Denkweise. So belauschte ich einmal folgenden Dialog:

Friedl: „Ich möchte viel lieber ein Tier sein als ein Mensch!"

Gilbert, müde in die Kissen gelehnt, nachdenklich: „Aber, wenn du eine Maus bist, frißt dich ja die Katze!"

Darauf Friedl: „Und wenn du ein Mensch bist, überfährt dich der Chauffeur!"

Darauf Gilbert: „Ja, aber dem Chauffeur tut's leid und die Katze frißt dich gern!"

Ich hatte mir wegen des erzieherischen Gegengewichtes auch das Handwerkliche für Gilbert in den Kopf gesetzt. Neben der intellektuellen und musischen Bildung sollte ihm die Berührung mit der manuellen Arbeit nicht fremd bleiben. Ich maß ihr eine große Bedeutung zu; sie lehrt uns, richtiger sehen und alle Dinge im menschlichen Leben für wert halten. Ich kaufte also eine kleine Hobelbank und ging auf die Suche nach einem arbeitslosen Tischlergehilfen, der in der Wirtschaftskrise leicht zu finden war. Aber meine Hoffnung, daß nach dem anfänglichen Interesse die nette Hobelbank eine dauernde Anziehungskraft auf den Knaben ausüben und ihn zu selbständigem Arbeiten aneifern werde, war leider trügerisch. Als ich einmal aus der Stadt zurückkam, saßen er und sein Lehrmeister an einem kleinen Tischchen und — spielten Karten! Der Eifer war versiegt, das „Schnapsen" wahrscheinlich auch dem Tischler kurzweiliger, was er durch einen köstlichen Ausspruch verriet: „Es ist richtig lustig, mit dem Buben zu schnapsen, weil er beim Spiel a recht's Schlaucherl is!"

Mein Mann lachte über das ganze, war aber für das sofortige Beenden meiner pädagogischen Versuche. Geige, Klavier und Schule — das Wichtigste — seien genug.

Daß Lily Schalk unseren Töchtern besonders zugetan war, bewiesen wiederholte Einladungen in die Direktionsloge der Staatsoper. Die Schalk wohnten im Hofstallgebäude hinter den Museen. Ich sehe jetzt noch das große Tor vor mir, an dem man klingelte. In der geräumigen Wohnung empfing mich Lily Schalk bei meinen Wiener Besuchen manchmal zum Tee. Auch ihr Mann war dann hie und da zugegen. Die intellektuelle Physiognomie des Operndirektors mit dem Spitzbart und dem Zwicker, den er trug, habe ich noch im Gedächtnis und ich erinnere mich auch, daß die Treffsicherheit seines Witzes nicht ohne Sarkasmen war. Seine Frau, die Tochter des Schriftstellers Hans Hopfen, war eine Mischung von großer Liebenswürdigkeit und deutscher Strenge. Auch Züge von erlebter Enttäuschung schienen ihr Gesicht zu prägen.

Während einer Bahnfahrt erlebte ich den Operndirektor Schalk einmal so gesprächig wie noch nie. Er wußte, daß ich mit Bahr befreundet war, ich wußte, daß man Schalk die Nichterneuerung des Vertrages mit Anna Bahr=Mildenburg übelnahm. „Was hätte ich aber manchen sollen", meinte Schalk, „sie hat ja im letzten Jahr immer abgesagt." Ich war nicht näher eingeweiht, enthielt mich jeder Äußerung, spürte aber zum erstenmal etwas von den Fährnissen und wohl auch von den Ränkespielen in der Welt des Theaters und der Künstler. Anna Bahr=Mildenburgs Stimme, deren gewaltige Ausdruckskraft fähig war, soviel Erschütterung hervorzurufen, erklang von da an auf keiner Bühne mehr. Daß es Franz Schalk zufiel, in diese Tragik einzugreifen, war für ihn gewiß nicht leicht zu tragen. Doch muß seine Entscheidung wohl begründet gewesen sein.

Aus einem Briefwechsel mit Hans Pfitzner geht hervor, daß Schalk nichts so sehr am Herzen lag wie die Vollkommenheit in der Erfüllung seiner künstlerischen Aufgaben. Als Pfitzner ihm Änderungsvorschläge für die Besetzung in der Erstaufführung des Palestrina mit dem Vorbehalt übergab, daß diese auch ohne Verstimmungen und Beleidigungen, die das Ganze nur gefährden könnten, durchzusetzen seien, erwiderte ihm Schalk: „Ich be=

trachte die Aufführung des ‚Palestrina' als Hauptangelegenheit und wichtigsten Inhalt meiner Direktionsführung. Es soll daher, soweit es in meiner Macht steht, nichts unterlassen werden, was zur Vollendung des Werkes erforderlich ist. Von diesem Gesichts= punkt aus werde ich also keinerlei persönliche Rücksicht auf Empfindlichkeiten und Verstimmungen im Personal nehmen."

Die Schalk waren vermutlich auch mit dem Dichter Max Mell befreundet. Denn eines Tages trafen unsere Töchter in der Direktionsloge mit dem ebenfalls eingeladenen Max Mell zu= sammen. Da er mich gut kannte, lud er bei jenem Zusammen= treffen Gertrud und Edith zu sich zum Tee ein.

Ich selbst hatte Max Mell in den zwanziger Jahren kennen= gelernt, als im Festspielhaus eine Aufführung seines „Schutz= engelspiels" stattfand. Mit einheimischen Kräften, einer Berliner Schauspielerin und in der Inszenierung von Johannes Lippl. Ich wurde damals eingeladen, die Rolle der „Frau" mit den sechs unehelichen Kindern zu übernehmen. Ihre Begegnung mit der zur Hochzeit schreitenden Jungfrau vor der Kirche ist eine kurze, aber ungemein eindrucksvolle Rolle. Da der Autor zu den Proben und auch zur Aufführung persönlich nach Salzburg kam, war dies der Anlaß zu weiteren Begegnungen. Max Mell kam damals auch einigemal in unser Haus. Auch eine sich bis in die dreißiger Jahre hinziehende Korrespondenz über seine in Wien und Graz aufgeführten Mysterienspiele, die er mir so gern gezeigt hätte, ergab sich daraus. Es scheint sich wegen der jeweiligen Termine nie gefügt zu haben. Hingegen kam der Glücksfall, daß eines meiner Lieblingsstücke, „Das Apostelspiel", 1925 bei den Salz= burger Festspielen aufgeführt wurde, meiner inneren Teilnahme an Mells Schauspielen wunderbar entgegen.

Wenn ich an diese Aufführung denke, ist mir, als hörte ich heute noch den Tonfall der Darsteller, Helene Thimigs ergreifend gesprochenen Verse, ihre eindrucksvolle Gestaltung der Magdalen, die den Räuber, den sie für den Lieblingsjünger hält, in brennendem Wunsch befragt: „Wie ist das, wenn der Heiland liebt?"

Othmar Spann, Professor für Nationalökonomie an der Wiener Universität, war eine der bedeutendsten Gestalten des geistigen Lebens zwischen den beiden Weltkriegen. Er gehörte zum Kreis der „Gesellschaft für Ganzheitsforschung" und begeisterte seine Studenten und Hörer sehr. Eine persönliche Begegnung in unserem Hause habe ich noch im Gedächtnis. Ich sehe den Professor noch vor mir, wie er einmal vor unserer Bibliothek stehen blieb, sie eingehend betrachtete, dann plötzlich das Stundenbuch von Rilke herauszog und mich fast verweisend fragte: „Warum lesen Sie eigentlich Mystik aus zweiter Hand?" „Mystik suche ich gewiß nicht aus zweiter Hand bei Rilke", erwiderte ich und deutete auf Meister Eckharts Schriften, die auch unter unseren Büchern standen und mich damals besonders beeindruckten.

So sympathisch mir die Persönlichkeit Othmar Spanns war, bei der Begegnung mit der imposanten Erscheinung seiner Frau, die eine enorme, fast männliche Vitalität ausstrahlte, hatte ich eine gewisse Scheu zu überwinden. Als ich sie zum erstenmal mit einer Goldhaube, in ein langwallendes, weißes Gewand aus fließender Seide gekleidet sah — es war überdies unter der Brust, auf der sie ein großes Kreuz trug, mit einem breiten goldgestickten Gürtel befestigt, fragte ich mich, was sie zu dieser sonderbaren Aufmachung inspiriert haben mochte. War es die Empiremode, altgriechische oder etwa auch altgermanische Vorbilder? Sie hatte ja ursprünglich starke Beziehungen zu den „völkischen" Kreisen. Erika Spann=Rheinsch beschäftigte sich auch intensiv mit wenig bekannten Sprachen, wie Kretisch, Etruskisch, Frühgriechisch u. a. Sie unternahm ausgedehnte Reisen, vorwiegend in die Welt der Mittelmeerkulturen, betrieb architektonische Studien an den Tempeln, durchquerte zu Fuß einsame Gegenden Griechenlands, „da sie erfahren müsse, wie dem delphischen Pilger zumute gewesen sei".

Im Alter verlor sich ihre geistige Welt im Phantastischen und mündete schließlich in tragischer Umnachtung, in der sie sieben Jahre nach dem Tod ihres Gatten 1967 starb. — Ihr Vater war Rheinländer, ihre Mutter eine direkte Nachkommin Martin Luthers.

Anders geprägt war die vielfach und auch mit dem Trakl=Preis und dem Titel Professor ausgezeichnete Lyrikerin Erna Blaas. Neigung und Begabung entsprach es, daß sie sich nicht nur poetischen Motiven, sondern auch solchen der bildenden Kunst zuwandte. Vor dem Moses des Michelangelo, vor dem Palazzo Vecchio, vor den Werken der Bildhauer Manzù und Ambrosi, ja sogar vor einem Marmorbruch gerät ihre zum Ekstatischen neigende Natur in Entzücken. Betrachtend weilte sie vor den Skulpturen des Mirabellgartens, um in ihren Sonetten des von Dombrowski reizvoll illustrierten Bändchens die Schönheit Salzburgs zu preisen. Von F. K. Ginzkey ermuntert, gab Erna Blaas ihre ersten Gedichte „Das Leben und der Tod" heraus. In diesen wie in anderen Gedichten gab sie ihrer reifen Leiderfahrung Ausdruck: der frühen Witwenschaft nach ihrem Gatten, dem Arzt Dr. med. und Dr. phil. Erich Blaas, und dem Verlust ihres im Krieg verschollenen hochbegabten Sohnes Siegfried.

Ich greife nun in das Ende der zwanziger Jahre zurück, um von einem Erlebnis zu erzählen, das nur in der schon erwähnten Großräumigkeit des Langenhofs möglich war. Es gab unserer Geselligkeit neuen Charakter.

Mich beschäftigte schon lange eine erst vage, dann immer bestimmtere Idee: nämlich die, in unserem 64 Quadratmeter großen Zimmer Zusammenkünfte zu veranstalten, die wir dann Sprechabende nannten und die ein philosophisch gebildeter Mann leiten sollte. Ich lernte den Universitätsprofessor P. Alois Mager kennen und erkannte, daß er für diesen Plan wie vorherbestimmt war. Mein Mann, mit dem ich das Vorhaben schon oft erwogen hatte, überlegte, welche von seinen Kollegen er zu diesen Abenden einladen könnte. Schmitz war Feuer und Flamme bei dem Gedanken, nun nach Herzenslust diskutieren zu können. Der mit uns verwandte Dozent Karl Faigl wies uns auf Xaver Schaffgotsch hin, mit dem er Jahre in russischer Gefangenschaft verbracht hatte.

Graf Schaffgotsch war nun der Referent des ersten Abends und berichtete über den Bolschewismus. Er hat sich späterhin als ausgezeichneter Übersetzer der Werke von Tolstoj, Gogol usw. einen Namen gemacht. Auch ein Bändchen übersetzte Lyrik von Anna Achmatowa, der bedeutenden russischen Dichterin dieser Zeit liegt von ihm vor. Dr. Karl Faigl sprach über Mystik und Schmitz über Psychoanalyse, der Universitätsprofessor Feuling über Willensfreiheit. P. Mager hielt Vorträge über Mystik und über religiösen Sozialismus. Der mit Spannung erwartete Vortrag Theodor Haekers mit dem von ihm selbst vorgeschlagenen Thema „Was ist der Mensch?" kam wegen einer plötzlichen Abreise nicht zustande. Über interessante Erlebnisse wollte Graf Karl Moy, ehemaliger Botschafter in Madrid, berichten. Wir empfingen mit Freuden seinen Vorschlag, den er uns nach einem sehr gelungenen Abend machte. Doch plötzlich kam es anders.

Wir hatten uns bei einem Tee, zu dem mich seine Frau einlud, angeregt unterhalten und den Termin des Vortrags noch einmal besprochen. Dann verabschiedete sich Graf Moy, weil er noch auf die Jagd gehen wollte. Kurz darauf sahen ihn seine Frau und ich durch das Fenster, wie er mit seinem Hund über die Wiese schritt. Es war auf einmal Nebel eingefallen, es wurde immer dunkler, und alles floß ein wenig zusammen, die Bäume des nahen Waldes, die Wiese und die Gestalt des mit seiner Flinte langsam dahinschreitenden Jägers. Ich habe dieses dämmernde Verschwinden der Jägergestalt heute noch vor Augen. Denn als ich kurz nachher die Trauerbotschaft vom plötzlichen Herztod des Grafen Moy erhielt, blieb mir dieses Bild wie ein vorbedeutendes Symbol seines nahen Todes für immer eingeprägt.

Eine Dame, die an jedem der Sprechabende teilnahm und ihn zu meiner Entlastung auch einmal in ihr eigenes Haus verlegte, war Baronin Marianne Erggelet. Aus einer einstigen flüchtigen Begegnung war später eine jahrzehntelange, bis zu ihrem vor einigen Jahren erfolgten Tod währende Freundschaft entstanden. Solange wir in der Stadtwohnung lebten, stand uns ihr schöner Garten mit den alten Bäumen und den grünen Rasenflächen immer offen. Sie händigte mir sogar den Gitterschlüssel zu freiem Ein= tritt auch in ihrer Abwesenheit ein, damit ich mich mit Gilbert dort aufhalten konnte. Dieser Garten war in seinen ersten Lebensjahren sozusagen sein Luft= und Sonnenreservoir.

So vieler Dinge gedenke ich jetzt noch. Wie der schöne Besitz, wenn ich ihn, über die Brücke von der Imbergstraße kommend, erblickte, immer wieder mein Gefallen erregte: die Schönheit der Formen und Maße des klassizistischen Baues und die Anlage des parkähnlichen Gartens. Vom jenseitigen Ufer der Salzach muß der Blick einst noch großartiger gewesen sein. Auf einem alten Stich zeigt sich, daß der dem Bau vorgelagerte Grund vor der Flußregulierung bis ans Ufer reichte. Und wer würde je vermuten, daß der vornehme Bau nicht als Adelssitz, sondern als Lederfabrik gedacht war? Weil hiefür nur eine Lage am fließenden Wasser günstig war, kaufte eben Christian Zezi „Neustein" und beauf=

tragte den Hofmaurermeister Laschensky, dort eine Fabrik zu bauen. Laschensky aber, inspiriert von der Baukunst des 18. Jahr=
hunderts, errichtete 1783 diesen schloßartigen Bau, den die Zeit=
genossen als neue Zierde der Stadt priesen. Mitte des 19. Jahr=
hunderts ging er in den Besitz von Baron Erggelet, dem Vater von Marianne Erggelet, über; vermutlich ist ihm die schöne, die Symmetrie etwas auflockernde Anpflanzung des Gartens zu danken. In den Jahren, von denen ich erzähle, waren die Bäume schon mächtig, blühende Sträucher und Blumenrabatten wechselten auf dem glänzenden Rasen, eine besonders prächtig gewachsene Fichte strebte ins Licht. Alte Kastanien bildeten an der Ostseite eine Art schattigen Säulengang. Die seltenen dunklen Eiben ent=
zückten in ihrem roten Beerenschmuck. Ein Rosenzaun grenzte die ganze Länge des Besitzes gegen die Straße ab.

Im westlichen Flügel wohnte das Gärtner= und Hausbesorger=
Ehepaar, das mit der Pflege des Gartens betraut war. Hier betrat man auch durch ein Gitter den Garten und sah am Ende eines breiten Kieswegs, der sich längs der mit schönen Rabatten be=
pflanzten Hauswand hinzog, weiße Gartenstühle, die nebst einer Bank einladend um einen Tisch standen. Es war der Platz, auf dem Marianne Erggelet, die ein gastliches Haus führte, bei schönem Wetter fast täglich einen Freundeskreis um sich sammelte. Meldeten sich die Vorboten eines Regens, so zog man sich durch die Flügeltüren in die große Halle zurück. Es war ein Gartensalon, der durch eine Innentreppe mit dem ersten Stock verbunden war und in dem man immer das Gefühl hatte, noch halb im Freien zu sein. Alles wirkte zusammen, um den Aufent=
halt drinnen und draußen angenehm zu machen. Im Innern des Hauses die antiken Möbel, die von einer Weltreise mitgebrachten exotischen Gegenstände, die Fülle geschmackvoller Dinge. Draußen der reizvolle Blick in das Grün und die Ruhe des Gartens. Der Duft, den Blumen und Gräser heranwehten, das Singen der Vögel, das Leuchten der in Blüte stehenden Rabatten, denen Marianne Erggelet immer ihr besonderes Augenmerk zuwendete. Mir ist, als sähe ich sie heute noch im gelben Strohhut, mit Korb und Schere in der Hand an dem langen Rosengitter stehen, das den Garten gegen die Imbergstraße abgrenzte. Dort bog sie Zweige, nahm die schönsten Rosen ab oder entfernte das Welke. Ihr besonderer Stolz aber war das große Rondell in der Mitte,

mit dem rosaroten Phlox, der mit seinen tausend Blüten die edelsten Rosen des Gartens säumte.

Aber nun ist es nicht mehr wie damals. Dem schönen Garten ist eine schmerzliche Umgestaltung widerfahren. Wo einst der Rosenzaun war, zieht sich heute eine Zeile von modernen Kojen hin. Die einen gehen gelassen daran vorüber. Sie kannten ja das Frühere nicht und ziehen der Schönheit das Praktische der Um= wandlung vor. Denn nun wird hier allerlei feilgeboten: kos= metische Artikel, Korbwaren, Hausfrauen holen sich hier Fleisch und Gemüse. Sie trinken, wenn sie müde sind, in der Konditorei rasch einen Espresso. Ein Friseur hat sich niedergelassen. Ja sogar Antiquitäten, deren Domäne doch einst die winkligen Gassen in der Altstadt waren, werden in einer Koje ausgestellt. Als ich diesen Wandel zum erstenmal sah, schmerzte er mich nicht nur, weil mir das Gewesene vor Augen stand. So dient es wohl dem Erwerb, läßt aber Phantasie und vor allem die frühere Geschlossenheit vermissen.

Kommt man von der Arenbergstraße herunter, so zeigt jedoch ein Blick über die Steinmauer, daß es der neuen Generation gelungen ist, hinter den Kojen die friedliche Oase des Gartens zu retten. Das schöne Bild ist nicht nur bewahrt, sein Reiz ist durch jedes Erneuern und Ändern noch gesteigert. Das Leben geht ja weiter. Selten genug fügen sich die beiden Elemente — das Gewesene und eine neuschaffende Erfindungsgabe — so zu= sammen wie hier ...

„Wenn Sie nach München fahren, dann bringen Sie doch dem Professor Hildebrand Grüße von mir; er wird Sie bestimmt zu einem seiner Sprechabende einladen, die er von Zeit zu Zeit in seinem Privathaus veranstaltet", sagte mir eines Tages der hiesige Universitätsprofessor P. Mager. Ich hatte ihm bei einer Begegnung erzählt, daß ich eben im Begriffe sei, unsere Tochter Edith in München zu besuchen. Sie studierte an der dortigen Uni= versität, wo Sie dann, ebenso wie Gertrud in Wien, mit Aus= zeichnung promovierte. Ich beschloß daher, Hildebrand, der damals an der Münchner Universität Philosophie lehrte, nach einer seiner Vorlesungen anzusprechen. Da er zu den Gründern des Theatiner= Verlags gehörte, in dem meine Manzoni=Übersetzung erschienen war, würde er meinen Namen ohnehin kennen. Der Saal war bis auf den letzten Platz gefüllt, und da nach der Vorlesung, die ich mir auch angehört hatte, begeisterte Studenten den Professor umringten, hatte ich Mühe, zum Katheder vorzudringen. Dietrich von Hildebrand begrüßte mich besonders liebenswürdig und lud mich ein, noch am selben Tag zu seinem Sprechabend zu kommen. Ich nahm die Einladung sofort an und fuhr gegen Abend nach Bogenhausen, wo sich das schöne, von seinem Vater Adolf v. Hildebrand erbaute Haus befand.

Das Erlebnis dieses Sprechabends ist mir noch heute gegen= wärtig: Der wunderschöne Saal, der die Geladenen kaum fassen konnte, die prachtvolle Rafael=Kopie an der Stirnwand des Saales, die feurigen Diskussionsbeiträge Hildebrands, die geistige Luft, von der in diesem Hause alles erfüllt war. Hildebrand fordert mich auf, am nächsten Tag — es war ein Sonntag — mit ihm die Atelierausstellung mit den Skulpturen seines Vaters, des berühmten Bildhauers Adolf von Hildebrand, zu besichtigen. Auch wurde ich zum Mittagessen eingeladen und lernte so Hilde= brands sympathische Frau, das Gretchen von Hildebrand, kennen.

Eine Unterhaltung mit Menschen von so vielseitiger Kultur wirkte auf mich so, als träte ich aus dem banalen Alltag in ein Zauberreich. Wer Hildebrands sprudelnde Lebendigkeit, seine Gabe, von allem die wesentliche Bedeutung herauszuheben, seine umfassende Bildung und seinen Humor kennt, wird es nach= fühlen, warum jene Stunden mir unvergeßlich blieben. Hilde= brand war es auch gegeben, mit großer Liebenswürdigkeit zuzu= hören und sich dem andern ausdrücklich zuzuwenden. Eine Gabe, der man nicht allzuhäufig begegnet. Dieser an Hildebrand so aus= geprägte Zug ließ ihn auch, als er uns dann zum erstenmal besuchte, die wesentlichen Eigenschaften meines Mannes erkennen, den er daher jedesmal mit Sympathie und Liebens= würdigkeit überschüttete.

In die Epoche der ersten Jahrzehnte meiner Ehe fällt auch die Erinnerung an eine seltsame Persönlichkeit: an Madame Peyrebère, Marquise de Guillotet, die ich als Patientin meines Mannes, jedoch zunächst ohne den Titel Marquise, kennenlernte. Vielen Salzburgern dürfte sie heute noch ein Begriff sein.

Durch Fräulein Streicher, die ehemalige deutsche Erzieherin ihres elfjährigen Sohnes, war sie anfänglich nur als Sommergast auf den Nonnberg gekommen. Dort wohnte sie in dem sogenannten

Turmhaus, das dem Kloster Nonnberg gehörte. Dieses Turm=
haus soll ursprünglich ein Wehrturm der Stadtbefestigung
gewesen sein. Aus einem solchen Wehrturm entstand das reizende
viergeschossige Turmhaus, wohin das Schicksal die aus der
Gascogne stammende Französin geführt hatte. Dieses Schicksal
war, wie ihre ganze Wesensart, ungewöhnlich. Ein Balzac hätte
es vermutlich in einem spannenden Roman geschildert. Als sie in
Salzburg die Hiobsbotschaft vom Tod ihres Mannes erreichte, der
bei einem Schiffsunglück mit seiner Geliebten ertrunken war, eilte
sie in ihre Heimat. Sie mußte dort erst mühselig beweisen, daß
sie die Gattin des Herrn Peyrebère sei, denn für die Behörden war
er, wie es die dort aufliegenden Papiere erwiesen, mit seiner Frau
im Hafen von Bordeaux ertrunken.

Vielleicht war dies der Anstoß, warum sie später den Nonn=
berg zu ihrem freiwilligen, nur durch den Krieg unterbrochenen
Dauerexil wählte. Zu einem Exil, das wahrhaftig dazu angetan
war, eine künstlerisch empfindsame Seele nach einem erlittenen
Schlag wieder aufzurichten. Denn der Nonnberg gehört mit zu
den schönsten Punkten der Stadt Salzburg. Nicht nur wegen der
landschaftlichen Schönheit, die vor ihm ausgebreitet liegt, sondern
auch wegen des Zaubers, den der uralte Klosterbezirk, diese
Offenbarung einstiger Baukunst, ausstrahlt. Für die Schrift=
stellerin Madame Peyrebère war diese Atmosphäre, wie sie immer
betonte, ein tägliches Entzücken.

Sie sprach fließend, mit nur leisem Anklang an ihre Mutter=
sprache, deutsch, war Mitglied der Légion d'honneur und In=
haberin mannigfacher französischer und österreichischer Aus=
zeichnungen, die sie eines Tages plötzlich mit dem Titel „La
Marquise de Guillotet" auf eine Visitenkarte drucken ließ und an
ihre Bekannten verteilte. Die neun Zentimeter lange und drei
Zentimeter breite Anzeige all dieser Verdienste, Ehrenkreuze,
Ehrenringe und Insignien war da zu lesen, und es blieb geheim=
nisvoll, wieso ein Land, das vor allen andern die Vorrechte des
Adels abgeschafft hatte, nun plötzlich wieder einen Adelstitel ver=
leihe. Man fand sich damit ab und nannte Madame Peyrebère von
nun an „Marquise". Es paßte ja auch irgendwie zu der Grandezza,
mit der sie es verstand, alles großartig hervorzuheben. Das lag in
ihrer Natur und vielleicht auch an ihrer Herkunft aus der
Gascogne. Die Antwort, die sie manchmal auf die Frage nach

ihrem Ergehen erteilte: „Danke, ich bin ein Fels", paßte zu der hohen und kräftigen Gestalt mit den großflächigen Gesichtszügen, die keineswegs schön waren, jedoch Intelligenz und maskuline Energie verrieten. Die ästhetische Sicherheit und der Sinn für Würde, womit die Franzosen fast immer begabt sind, verlieh ihr trotzdem die Ausstrahlung einer vornehm interes= santen Persönlichkeit.

Ihre Beziehungen zu den einflußreichsten Kreisen ihres Landes ermöglichten es ihr, dies und jenes zwischen Frankreich und Österreich zu vermitteln. Sie tat es ungemein hilfreich. Durch die gewandelten Verhältnisse war ja für viele Salzburger — und auch für uns — die Zeit der sogenannten paying guests angebrochen. So war einer der ersten, die, um ihr Deutsch zu vervollkommnen, in unsere Familie kamen, der ungefähr vierzehnjährige Sohn Abel des Grafen Armand, eines entfernten Pariser Verwandten der Marquise. Seine Ankunft entbehrte nicht einer gewissen Komik. Die Marquise kannte nämlich offenbar weder sein genaues Alter noch sein Aussehen. Trotzdem schilderte sie ihn als einen unge= wöhnlich großgewachsenen, hübschen jungen Mann. Von unseren Töchtern begleitet, ging sie bei der Ankunft des Zuges auf ein paar Aussteigende zu, die diesem Idealbild zu entsprechen schienen. Unglücklicher Weise ging in jenem Augenblick ein Wolkenbruch auf die Aussteigenden nieder. Ein schmächtiger, unansehnlicher Knabe ging auf die aufgeregt suchende Marquise zu und stellte sich als Abel Armand vor. Er war für sein Alter besonders klein, und die vom Gußregen durchnäßten Haare hingen ihm in Strähnen über das Gesicht. Es muß überaus komisch gewesen sein. Das Erheiterndste daran war, wie die Marquise nun mit im= ponierend gespieltem Gleichmut über die zerstörte Illusion hin= wegging.

Der reizende Abel, den wir in der Folge alle liebgewannen und dessen besondere Deutschkenntnisse die Marquise ebenfalls gerühmt hatte, antwortete meinen Kindern in deutscher Sprache auf die Frage nach seinem Gepäck: „Ich will mein Felleisen hier lassen." Er hatte sich diese antiquierte Bezeichnung für seinen Koffer offenbar aus einem veralteten Lehrbuch angeeignet.

Im Leben der Marquise gab es undurchsichtige Widersprüche. Vor allem den, daß sie den Wandel ihrer Vermögensverhältnisse, der durch ihre unglückliche Ehe zu vorübergehender Verarmung

Ganz links die Autorin mit dem Vater und fünf älteren Geschwistern

Oben: Mein Mann im Ruhestand
Unten: Das „Kalte Baronhaus"

Oben: Die Autorin mit den Töchtern. — Unten: Kubins
Glückwünsche zu Gilberts Geburt

An seiner Wiege stehen die Musen des Wassermannes!

Liebe Johanna, soeben gelangt die Karte von Pepi in meine Hände — meinen und meiner Frau Glückwunsch auch für den braunen Tazo. Ich hoffe sie noch in den Winter in Salzburg zu sehen!! Alles herzliche von Haus zu Haus. Dem getreuen

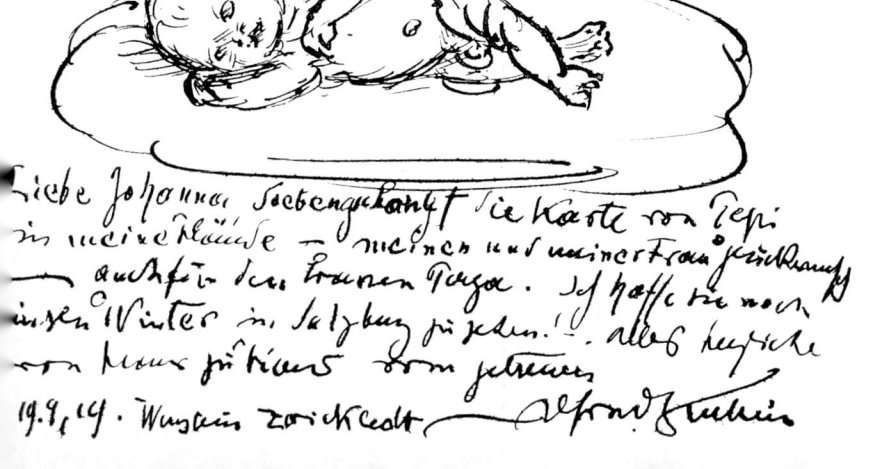

19.9.19. Wunsiedel zurückkehrt — Alfred Kubin

Alfred Kubin im 75. Lebens=
jahr, aufgenommen in
Zwickledt

Hermann Bahr vor seiner
Bibliothek

geführt hatte, vor der Welt ängstlich geheimhielt. Durch ihre bescheidene, nahezu dürftig zu nennende Lebenshaltung und durch allerlei Anspielungen wurde man immer mehr in der Meinung bestärkt, daß sie in Armut und geradezu im Mangel lebe. Die Priorin des Klosters schickte ihr wiederholt ein Mittagsmahl in das Turmhaus hinüber. Wir selbst luden sie ab und zu zum Mittagessen ein. Einmal gab es als Beilage pommes frites, da sagte sie in fast verweisendem Ton zu mir: „Mais c'est un plat très cher, Madame!" Wie lachten wir hernach im Familienkreis über diesen Ausspruch und über ihre zunehmende Sparsamkeit, in der sie die Kosten einer Speise sogar am Tisch ihrer Gastgeber abzuschätzen wußte!

Doch Staunen überkam mich bald darauf, als sie mich bei meinem nächsten Besuch im Turmhaus auf eine kleine Terrasse führte, die sie sich selbst hatte ausbauen lassen. Auch ein teurer Radioapparat stand dort und nun war es an mir, die Preise abzu= schätzen. Ich tat es aber aus Taktgefühl nur innerlich und unter= drückte jeden erstaunten Ausruf! Für die Sprachstunden, die sie im Kolleg St. Peter erteilte, und für ihre bescheidene literarische Tätigkeit dürfte sie kaum nennenswerte Honorare erhalten haben. Nachdem sie sich auch in Ostpreußen aufgehalten hatte, um französische Kurse zu geben, mußte sie bei Kriegsbeginn natürlich nach Frankreich zurück.

Doch das Ungewöhnliche gehörte anscheinend zu ihrem Leben: Im Kloster erschien im Auftrag der nationalsozialistischen Regierung ein Rechtsanwalt, der über ihr Eigentum verfügte. Es müsse in einem freien Raum des Klosters sorgfältig aufbewahrt werden, ihre Wohnung dürfe bis zu ihrer Rückkehr nach dem Krieg nicht besetzt werden. Man staunte darüber umso mehr, als sie nie eine Freundin des Regimes gewesen war. Eine Vermutung ging dahin, daß sie diesen Schutz einer Bekanntschaft mit dem Gauleiter Koch von Ostpreußen zu verdanken habe. Eine andere und spätere Version lautete, sie habe „Mein Kampf" ins Französische übersetzt. Es blieb — wie immer es gewesen sein mochte — für uns unerklärlich und gehörte zu den Rätseln, die die Marquise allen aufgab. Denn als sie — nicht ohne nach Kriegsende ein paar Jahre verstreichen zu lassen, in das Turm= haus zurückkehrte und alles wiederfand, wie sie es verlassen hatte, setzte sie ihre nahezu dürftige Lebensweise in verstärktem

Maße fort. Sie ging auch, je älter sie wurde, nachlässig und fast ärmlich gekleidet, ohne jedoch etwas von der ihr eigenen Würde einer „grande dame" einzubüßen.

Sie hatte einen einzigen Sohn, der ihr nach martervollem Leiden und vollständiger Erblindung im Tode voranging. An seinem Grabe hielt der Chef der französischen Mission — wir waren ja noch besetztes Land — Graf Toulouse=Lautrec, ein Ver= wandter des berühmten Malers, die Trauerrede.

Wenn man die Marquise nach diesem schmerzlichen Verlust in einem dunkelbraunen Habit, die Kapuze über den Kopf gezogen, im dunkelsten Teil der Vorhalle der Stiftskirche unter dem Nonnenchor knien sah, mutete ihre trauervolle Gestalt nahe= zu phantastisch mittelalterlich an. Die größte Verblüffung, die sie jedoch der Nachwelt bereitete, war ihr Testament: Sie hinterließ ein Vermögen von eineinhalb Millionen Schilling. Es fiel mit Ausnahme einiger Legate entfernten Verwandten in Frankreich zu, die sie kaum persönlich gekannt hatte.

Wenn ich durch den Petersfriedhof ging und mein Blick rechts von der Margaretenkapelle auf den Namen Guillotet fiel, stieg ich manchmal ein paar Stufen hinauf, denn nun wachte die Er= innerung an die Begebnisse auf, die ich, soweit sie mir bekannt waren, eben geschildert habe. Das schmiedeeiserne Kreuz trägt die stolze Inschrift: „La Marquise Jeanne Peyrebère de Guillotet, gest. 1961". In die in einen Sockel gemauerte Steinplatte sind die Worte gemeißelt: „Credo in vitam aeternam".

Am Mönchsberg wohnte auch die längst dahingeschiedene Pianistin und Orgelvirtuosin Hermine Esinger. Sie lebte bis zu ihrem Tod in dem von einer hohen Mauer umfriedeten, ein paar Jahrhunderte alten Haus Nr. 6. Sooft ich daran vorübergehe, er= weckt es in mir stets eine liebe und fast ehrfürchtige Erinnerung. Hermine Esinger war eine letzte Schülerin von Liszt.

Ich zitiere aus einem Aufsatz von Käthe Braun=Prager, die so manche humorvolle Anekdote aus dieser Studienzeit bei Liszt schildert. Manche Salzburger nannten ihn einen alten Lumpen, weil der temperamentvolle Ungar die Mädchen, wenn sie gut spielten, zu küssen pflegte. Minka, so nannte man Hermine, durfte aber trotzdem zu Liszt nach Budapest fahren. Die Schülerinnen sagten ihr, Liszt könne Brahms nicht leiden. „Denke

Dir, so was Dummes von einem Genie!" schrieb sie an ihre Schwester, die Malerin Adele. „Schülerinnen spielen daher nur seine Sachen. Du weißt, ich kann boshaft sein, so brachte ich ihm einmal ein Brahms=Scherzo." „Das haßt der Meister", sagten sie alle, aber ich hielt es ihm vor die Nase. Da schnitt er ein Gesicht und sagte: „Ja, ja, ein großer Komponist, spielen Sie nur!" und ging fort. Ich haute in das Klavier, als müßten die Fetzen fliegen, da kam er wieder und — obwohl ich gepatzt hatte wie noch nie — klatschte er, sagte: „schön, famos!" und dann still zu mir, daß es die andern nicht hörten: „So was Schönes hab ich gar nie komponiert — Sie spielen ja genial."

Ich sollte noch über Hermine Esingers Auftreten in Konzerten, über ihr Wirken als Professorin an der Berliner Musikakademie, als Organistin der Wiener Votivkirche und besonders über ihre Freundschaft mit Klara Schumann berichten. Doch weiß ich darüber zuwenig, deshalb rufe ich mir meine Beziehungen zu ihr in den späteren Jahren zurück.

Als Patientin meines Mannes kam sie manchmal zu uns in die Stadt. Auch stieg sie einmal von ihrem Berg herunter und besuchte den Vortragsabend unseres kleinen Sohnes Gilbert. Als Ledwinkas Schüler spielte er damals im Alter von neun Jahren eine Sonate von Haydn. Hermine Esingers Urteil lautete: „Dieser Bub singt am Klavier."

Wenn ich auf den Mönchsberg ging, traf ich sie ab und zu in ihren alten Tagen auf dem Heimweg, auf kleiner Rast ober dem Festspielhaus mühsam Atem holend. Dort tat sich neben dem zauberhaften Blick auf die Türme der Stadt auch noch der in den einstigen mittelalterlich poetischen Franziskanergarten auf.

Als ich neulich — nicht mehr so leichtfüßig wie einst — die 121 Stufen und dann noch das steile „Esinger=Gaßl" — wie man es nannte — zur Villa Frey hinaufstieg, blieb ich vor dem Hause Nr. 6 unwillkürlich stehen. Da sah ich plötzlich wieder alles vor mir: Das alte Tor mit dem Schiebetürchen für die Briefe und die durch das Haus bimmelnde schwarze Eisenglocke. Ich hörte die trippelnden Schritte der alten kleinen Magd, die mir öffnete. Sie paßte so gut in das dunkle Haus, in dem es kein elektrisches Licht und auch keine Wasserleitung geben durfte. Oben stand, sich an dem wackeligen Holzgeländer anhaltend, Hermine Esinger, um nach dem Besucher auszuschauen.

Meine letzte Erinnerung ist die heimelige Stube, das dämmerige Licht, das durch die Butzenscheiben drang, der verwaiste Bösendorfer, das große Lisztbild über dem Sekretär und die geduldig leidende Hermine Esinger im Lehnstuhl. Sie liebte es, wenn man ihr vorlas. Das hatte ich eben getan. Da schaute sie mich mit ihren blauen Augen, die noch immer so sprechend waren, liebevoll an und sagte: „Lesen Sie mir doch bald wieder etwas vor!"

Auf meinem Heimweg blieb ich an der Rampe unter der Edmundsburg immer ein wenig stehen und schaute mit Entzücken in den Franziskanergarten hinunter. Jeder ältere Salzburger wird sich ja erinnern, daß er, von jenem Punkt aus gesehen, einen eigenartig poetischen Anblick bot. Die entlang dem Gewächshaus und den hohen Mauern oder auf schmalen Kieswegen zwischen den Obstbäumen und Sträuchern wandelnden Mönche verlebendigten die Szene.

Als ein unvergeßliches Stück Alt=Salzburg schwand es in den Tagen dahin, als die Gestapo in das Kloster einzog und die Umfriedungsmauer geschleift wurde. Alles, was an das Gestern und an klösterliche Stimmung mahnte, sollte ausgelöscht sein. Damit verschwand auch die an der Gassenseite der Mauer befindliche hohe Nische mit dem alten Kruzifixus. Franz Martin bezeichnete sie als typisch für den Städtebausinn unserer Vorfahren, weil sie der geraden Zeile der Sigmund=Haffner=Gasse einen so malerischen Abschluß verlieh. Als die Gestapo im Jahre 1945 eines Tages diesen Schauplatz ebenso rasch verließ, wie sie ihn erobert hatte, erklärten die Amerikaner nach ihrem Einmarsch, das Gebäude sei deutsches Eigentum, forderten vom Guardian mit vorgehaltenem Revolver die Schlüssel und etablierten dort den Rundfunk. Den Patres wurde meines Wissens erst ein Jahr später ein Teil des Hauses überlassen.

Nun ging man auch daran, die Mauer mit Nische und Kruzifix wieder aufzurichten. Mit Senkblei schnurgerade, wie man eben im neuen Stil zu bauen pflegt. Doch das frühere Leben vermag sie ebensowenig auszustrahlen wie die Nische mit dem Kruzifix, die nun die ehemalige Schauwand gegen die Gasse nachbilden sollte. Das im Museum aufbewahrte Kruzifix war leider einem Bombenangriff zum Opfer gefallen. Den Corpus ließen die Franziskaner zwar restaurieren, aber das Holz des Kreuzes ist so neu, daß man dies auf den ersten Blick wahrnimmt und den wärmenden Eindruck des Früheren nicht mehr empfindet. Ein Gefühl des Unbehagens stellte sich auch ein, wenn man, um das Rundfunkgebäude zu betreten, nun den Innenraum, den Ort des träumerischen Klostergartens sah. Nebst den parkenden Autos, die bis vor kurzer Zeit einen großen Platz einnahmen, hatten ihn auch die phantasielos in Reih und Glied neu gepflanzten Obstbäume von jedem malerischen Reiz befreit.

Weil ich mich schon im geistlichen Bezirk befinde, gehen meine Gedanken auch zum Sitz der Erzbischöfe, den zu Mozarts Zeiten Hieronymus Colloredo innehatte. Sein Name ist im Zusammenhang mit Mozarts Schicksal auch heute noch allen bekannt. Ein Mann von hohem Verstand, als hervorragender Administrator fähig, Salzburgs zerrüttete Finanzen in kürzester Zeit zu sanieren und das Bistum glänzend zu verwalten. Doch leider auch ein kalt berechnender, aufgeklärter Rationalist, auf dessen Arbeitstisch die Büste Voltaires stand, und dem es nicht gegeben war, im Bereich des Musischen das unerhörte Genie zu erkennen, das er in seine Dienste genommen und mit einem unwürdigen Lakaiengehalt entlohnt hatte.

Eine neue Weltordnung löste das absolute Herrschertum der geistlichen Fürsten ab, und zwei Jahrhunderte später sehen wir einen Regenten auf dem erzbischöflichen Stuhl, dessen Milde und Großmut fast sprichwörtlich war. Es war der Fürsterzbischof Dr. Ignatius Rieder. Vielleicht waren ihm musische Gaben nicht angeboren, aber er zeigte sich gütig und aufmerksam, nahm auch lebhaften Anteil an den künstlerischen Vorschlägen Max Reinhardts, dem er, der Aufführung des „Jedermann" am Domplatz zustimmend, einen Herzenswunsch erfüllte. Wieviel dies Reinhardt bedeutete, geht aus dem Schlußsatz seines denkwürdigen Schreibens an den Fürsterzbischof hervor, in dem er seine Dankbarkeit für das besondere Entgegenkommen ausspricht:

„Wenn ich mir erlaube, meiner innigsten Freude Ausdruck zu geben", schreibt er, „so geschieht es nicht nur, weil durch diese Aufführung die schönen Zwecke der Festspielhausgemeinde in entscheidender Weise gefördert werden und weil die Wiedererweckung dieser alten frommen Spiele mich als Künstler leidenschaftlich interessiert, sondern vor allem, weil ich in der Pflege des kirchlichen Spiels eine der vornehmsten Aufgaben des bischöflichen Salzburgs sehe. Ich bin davon durchaus durch= drungen, daß diese mittelalterlichen Stücke eine große Zukunft haben, die Rückkehr zu ihnen auch für unsere Kunst eine Ver= edelung bedeutet, und ich sehe das geneigte Interesse **Eurer** fürsterzbischöflichen Gnaden als ein hohes Glück an."

Ich habe einige meiner Begegnungen mit dem Erzbischof Rieder, den ich von früher kannte, noch in lebhafter Erinnerung. Man wird wohl kaum unter seinen Vorgängern einen Erzbischof nennen können, den man, wann immer, ohne Anmeldung besuchen konnte. Man kannte die Treppe, die zu ihm führte, durchmaß ein paar Räume und sah in einem mit Gemälden behängten Korridor einige wartende Besucher. Jedoch weit und breit keinen Kammerdiener oder Sekretär. Wenn man an die Reihe kam, klopfte man an die Türe und sah sich beim Eintritt vor dem an einem Schreibtisch sitzenden Erzbischof, dem Bauern= sohn Ignaz Rieder, der eine ungewöhnliche Würde ausstrahlte. Aber auch der Eindruck seiner einfachen, klaren Natur teilte sich sofort mit.

Seine bekannte Güte hatte für mich etwas fast Transzen= dentes, als ich ihn einmal mit Gilbert, der damals ein kleiner Gymnasiast war, besuchte. Während ich mit dem Erzbischof redete, klopfte es auf einmal an die Türe. Herein trat ein jüngerer Mann in zerschlissenem Anzug, ging nahe an den Schreibtisch heran, murmelte eine Bitte um Unterstützung und zog ein ver= schmiertes kleines Buch aus der Rocktasche. Als er es vorweisen wollte, sagte der Erzbischof mit einer freundlich abweisenden Handbewegung: „Lassen S' nur, ich glaub Ihnen all's! Da, nehmen Sie!" Und indem er ihm gütig und traurig zugleich in die Augen blickte, reichte er ihm ein Geldstück. Es war natürlich nicht das selbstverständliche Almosen, das mich so beeindruckte, sondern das tief Innerliche in dem Geber, der sich mit dem vor ihm Stehenden eins zu fühlen schien.

Daß ich den Kreuzschnabel, das Vögelchen, das in einem Käfig auf dem Schreibtisch herumflatterte, nicht kannte, ent= täuschte den guten Erzbischof. Gilbert brachte die Prüfung aus seinem lateinischen Vokabelschatz besser hinter sich. Die vergaß nämlich der Erzbischof nie, wenn er ihn sah. Und während Gilbert sich dem Kreuzschnabel und anderen, ihn im Zimmer interes=

sierenden Dingen zuwandte, blickte ihm der Erzbischof nach und sagte zu mir: „Erziehen Sie den Buben vor allem zur Ehrfurcht!"

Seit Wochen lag blauer Himmel über unserer Stadt und die Helligkeit einer fast wärmenden Wintersonne. Wie setzten uns im Langenhof zum Mittagessen und zündeten das Licht an. Da seufzte mein Mann und sagte, es sei doch zu traurig, an einem so strahlenden Tag bei künstlichem Licht essen zu müssen. Wir könnten uns nicht vorstellen, wie schön und warm es in der Arenbergstraße sei. Er habe dort eben einen Kranken besucht. Der große Kachelofen sei nicht einmal geheizt, das sonnendurch= flutete Zimmer aber behaglich warm gewesen. Es müsse doch unaussprechlich schön sein, in solcher Umgebung zu wohnen, fügte er hinzu.

Da fiel mir sein alter Traum von einem Haus oder einem Landsitz in schöner Natur ein. Erst hatten wir es nie gefunden und dann waren die Ersparnisse in der Inflation zerflattert. Ich besaß als väterliches Erbteil in Zell am See eine Wiese. Die hatte ich kurz vorher parzellieren lassen. Vielleicht würden sich Inter= essenten finden und die Anzahlung für ein Haus ermöglichen. Diese Gedanken durchkreuzten bei jenem Mittagessen meinen Kopf. Ein paar Tage hernach ging ich sinnend die Arenbergstraße hinauf und trug einen Zettel bei mir. Aus dem Amtskalender hatte ich darauf die Namen der Hausbesitzer notiert.

An dem niedrigen Mäuerchen, das die Gasse begrenzt, war ich mit Hermann Bahr, wenn ich ihn zuweilen auf seinem Heim= weg begleitete, fast immer stehengeblieben, weil sich gegenüber ein wunderbares Landschaftsbild auftat: der Nonnberg und die Festung, sowie links davon, vom Untersberg gekrönt, die beschneite Bergeskette. Unter uns breitete sich dort, wo jetzt das Unfallkrankenhaus steht, eine bis zum Bürglstein reichende Wiese aus. In ihr leuchtendes Grün war etwas still Harmonisches gebettet: ein altes Bauernhaus mit einem Misthaufen und einer mächtigen Linde davor. Auf die teils sehr schönen Häuser am Südhang des Kapuzinerberges haben wir, vertieft in Gespräche, vielleicht nicht so geachtet. Man nahm ja damals die noch unan= getastete Schönheit alter Gassen als selbstverständlich hin. Ihre lebensvollen Windungen und die wechselvolle Gestaltung, mit der die Häuser hineingesetzt waren.

Diesmal betrachtete ich aber jedes einzelne Bauwerk mit geschärftem Auge. Als ich an einer mit Efeu behangenen Terrassenmauer vorbeikam, sah ich, daß sich darüber, von starken Mauern gestützt, noch sieben bis acht Terrassen den Berg hinaufzogen und daß auf der letzten eine Kapelle stand. Zu diesem Garten gehörte offenbar auch das dreistöckige, kubische Gebäude. Es hatte eine schlichte, jedoch in den Maßen edle Fassade. Eine geheimnisvolle Beseeltheit ging von dem Ganzen aus. Ich nahm meine Aufzeichnung zur Hand und las: „Baron Losy von Losenau'sche Stiftung." In nächster Nähe befand sich die Nr. 1, das Haus Erggelet, in dem ich so oft aus= und einging. Marianne Erggelets alter böhmischer Diener, der mir wegen seiner originellen Aussprüche heute noch erinnerlich ist, würde sicher Näheres wissen. Ich befragte ihn daher bei meinem nächsten Besuch: „Karl, Sie wissen doch sicher, wer in dem Hause Nr. 19 wohnt?" „Im Kalten Baronhaus?" erwiderte er. „Wie es heißt, weiß ich nicht", sagte ich, erinnerte mich aber sofort, daß die alte Köchin Dora, die einmal bei uns aushalf, auf meine Frage, wo sie wohne, ebenfalls antwortete: „Im Kalten Baronhaus."

Warum es im Volksmund so hieß, konnte mir Karl nicht genau erklären. Er habe einmal gehört, daß der frühere Besitzer, Baron Losy, wegen eines Magenleidens nur kalte Speisen zu sich nahm. Nach seinem Tod sei eine Stiftung errichtet worden. Die im Hause wohnende Verwalterin sei eine fürchterliche und stadt= bekannte böse Person. „Ja nit aufgehn!" warnte er, „si schmeißt jed'n über die Stieg'n, wenn er nach dem Haus fragt! Sie heißt Anka. Anka heißt Anna, sie meint, dös is was Vurnehm's, aber bei uns in Behmen is dös ganz was Gewehnlich's!"

Marianne Erggelet lachte mit mir, als ich ihr von Karls Bericht erzählte, bestätigte aber den Umlauf der Gerüchte. Sie erzählte mir noch und ergänzte: Nach dem Festmahl, zu dem die Kaiserin den Kämmerer einmal eingeladen hatte, sei er prompt gestorben, weil er nicht an warme Speisen gewöhnt war.

Mein Mann und ich wußten damals nicht, daß ein „Stiftungs= haus" unverkäuflich ist. Wir sahen darin etwas Unpersönliches, weshalb es auch niemand zu Herzen gehen würde, wenn das Haus an einen anderen Besitzer gelange. Wir beschlossen, erst einmal bei der zuständigen niederösterreichischen Landesregierung anzufragen. Zwei Monate lang kam keine Antwort.

Auf eine Urgenz hieß es kurz, es sei nicht ausgeschlossen, daß die Stiftungsbehörde an einen Verkauf des Salzburger Hauses denke. Über die Umstände, warum ein für immerwährende Zeiten unveräußerliches Haus dennoch verkauft werden sollte, erfuhren wir später Folgendes: Dr. Heinrich Losy v. Losenau, kaiserlicher Kämmerer, hatte im Allgemeinen Wiener Kranken=haus zugunsten armer Handwerker ein Bett gestiftet. Zu dieser Stiftung gehörte auch ein Besitz am Prager Hradschin. Durch den Zerfall Österreichs gingen dieser und weitere Besitzungen ver=loren. Übrig blieb einzig das durch Mieterschutz und schlechte Verwaltung entwertete Salzburger Haus.

Wir staunten über diesen ersten Hoffnungsschimmer, ahnten aber nicht, mit wieviel Hindernissen, Intrigen und Bürokratismus der Weg zum Kalten Baronhaus gepflastert sein würde.

Wegen des geforderten Gutachtens besichtigten Amtsorgane der Salzburger Landesregierung das Haus. Da die Verwalterin nichts Näheres erfahren konnte, reiste sie, mißtrauisch geworden, straks nach Wien. Als auch ich kurz darauf zum erstenmal beim Referenten erschien, warnte auch er mich — wenn auch mit anderen Worten als Karl — vor der Verwalterin: Sie sei eine „überaus schwierige Person" und habe bereits gedroht, sich im Garten an dem alten Birnbaum zu erhängen, falls man zum Ver=kauf des Hauses schreite. Unseren Namen habe er ihr jedoch nicht genannt. Wir sollten erst einmal ein Anbot stellen. Durch Karl und einen Wiener Hofrat hellhöriger geworden, mied ich jeden Kontakt mit Frau Anka, erwirkte für Professor Deininger einen behördlichen Erlaubnisschein und bat ihn, uns als Architekt über den Bauzustand des Hauses zu berichten. Deiningers Gesamt=urteil lautete: „Sie kaufen einzig und allein die Lage. Das Haus ist überaus reparaturbedürftig, es hat kein Wasser, die Bewohner müssen das Quellwasser vom Berg aus einem alten Brunnen pumpen und bis zum dritten Stock hinaufschleppen. Das Haus hat überdies nur offene Aborte, kein Stiegenlicht, die Rückseite ist feucht. Eine Dachreparatur dringend, alle Parteien stehen unter Mieterschutz. Sie werden sehr viel Mut und Geld brauchen, um die dringendsten Mängel zu beheben."

Ich hörte die Aufzählung der Schäden nicht ohne Bangnis. Eben hatte ich mir einen Vorwand ausgedacht, um das Haus ein=mal unauffällig von innen zu sehen. Karl hatte mir die spärlichen

Insassen des großen Hauses aufgezählt: drei ältere Fräulein im dritten Stock, der zugewanderte Oberstleutnant mit Frau und Tochter im zweiten und die gefürchtete Anka mit ihrer Katze Urschi im ersten. Und schließlich die alte Dora mit ihrer Tochter Vicki, die in einem vom Stiegenhaus zugänglichen ärmlichen Stübchen hauste. Mit Ausnahme von Dora würde mich also niemand im Hause kennen. Ich wollte einfach nach der Adresse unserer Wäscherin in der Arenbergstraße fragen.

Mutig betrat ich daher eines Tages das schöne Gewölbe und wurde gleich wieder zaghaft, weil meine Tritte auf den Marmor= fließen und auf den ausgetretenen Eichenstufen der Treppe mir plötzlich so weithin vernehmlich schienen. Doch niemand trat mir entgegen. Das auch innen so geheimnisvolle Haus schien aus= gestorben. Ich gelangte bis zur Eisentüre des Dachbodens und überblickte nun durch die Stiegenfenster den herrlichen Terrassengarten, der sich bis hinauf zur Kapelle am Hang des Kapuzinerbergs erstreckte. Er setzte sich in einem Wäldchen fort. Im ersten Stock entdeckte ich an der Hinterseite einen Ausgang auf die zweite Terrasse. Ich ging hinaus und sah, daß seitlich, ungefähr 40 Meter entfernt, ein im Biedermeierstil mit Geschmack anmutig erbautes kleines Haus stand. Ich hielt es für das Nach= barhaus und wußte nicht, daß es das sogenannte „Stöckl", eine Art Gartenhaus war, das ebenfalls zum Losy von Losenauschen Besitz gehörte. Ich ging bis zur Mitte der Terrasse. Dort blieb ich betroffen stehen, weil Festung und Kloster Nonnberg, wunder= voll von der Sonne beleuchtet, fast wie ein nahes Gegenüber und als wären sie selbst ein Stück Natur geworden, vor mir lagen. Jetzt bemerkte ich auch eine Frau mittleren Alters, die vor der Haustüre des Stöckls über ein Schaff gebeugt Wäsche wusch. Sie hatte mich eben auch bemerkt und da sie forschend mißtrauisch zu mir herüberschaute, trat ich auf sie zu und richtete die als Vorwand geplante Frage an sie. Sie antwortete freundlich und sagte: „Nein, die Frau, die Sie meinen, wohnt nicht hier, sondern im Haus Nr. 33." Ich fühlte, wie sie mich mit neugierigen Blicken maß, bedankte mich und ging dann den Weg, auf dem ich in den Garten gekommen war, durch das Haus zurück — wieder bemüht, keinen Lärm zu verursachen. Und wieder war keine Menschenseele zu sehen und kein Ton zu hören. An dieser Stille haftete etwas ungemein Poetisches und zugleich Trauriges,

Geisterhaftes. Obwohl ich also nicht viel gesehen und erlebt hatte, würde ich daheim das seltsam schweigsame Haus schildern, von der Ruhe und Schönheit des Gartens mit der unvergeßlichen Aus= sicht erzählen, und daß es die Erfüllung unseres alten Traumes sein könnte. Ich malte mir die Überraschung der Kinder und die Freude meines Mannes aus, denn meine erregte Phantasie sah nun auch bereits in eine erfolgreiche Zukunft.

Wenn unser Anbot, das wir uns nun zu stellen entschlossen, entspräche, müsse es erst dem Bundeskanzleramt vorgelegt werden, lautete die Antwort der niederösterreichischen Landes= regierung. Auch würde alles zweifellos sehr lange dauern. Nun, daß wir uns in Geduld fassen müßten, sah ich voraus. Was ich jedoch nicht voraussah, war Ankas meisterliche Fähigkeit des Intrigierens. Nachdem sie endlich meinen richtigen Namen er= fahren hatte, inszenierte sie ein wahres Kesseltreiben gegen mich. Es sei eine riesige Korruption im Gange — ich hätte nur durch hohe Protektion vom geplanten Hausverkauf erfahren! Ich wartete ahnungslos auf den angeblich bereits positiv erfolgten Beschluß des Bundeskanzleramtes. Es vergingen wieder Monate, da bat ich meinen in Wien lebenden Schwager im Ministerium für soziale Verwaltung nach der Ursache der langen Dauer zu fragen. Es gehörte zu den Eigenheiten seiner Frau, meiner Schwester, Briefe auch dann rekommandiert und expreß zu schicken, wenn es nicht notwendig war. Der Anfang ihres rekommandierten Expreßbriefes ist mir heute noch unvergeßlich: „Liebe Johanna, schlage Dir das Haus in der Arenbergstraße aus dem Kopf! Du ahnst gar nicht, was Du damit kaufst: ein Haus voll von Feinden! Sie wurden aufgehetzt und haben alle gegen Dich unterschrieben. Die Verwalterin ist zu drei politischen Parteien gelaufen und hat Dich überall verleumdet." Und mit Vorliebe Dinge etwas dramatisierend, fügte sie hinzu: „Weißt Du denn nicht, daß ein Minister sich vor den Interventionen der politischen Parteien fürchtet? Jetzt will er alles hinausschieben, die Landesregierung soll das Haus im Herbst ausschreiben."

Ich hatte von dem, was hinter meinem Rücken vorging, nie etwas geahnt. Und hätte man mir den unschuldigen Weg geglaubt, der mich zu diesem Haus führte? Der Anstoß war ja nur ein Familiengespräch beim Mittagessen gewesen, ein Wintertag mit ungeheiztem Kachelofen in der sonnigen Arenbergstraße und

ein Spaziergang dorthin, einzig unter dem Beistand des Amts=
kalenders.

Das Haus wurde also mit Schlußtermin vom 15. September
ausgeschrieben. Als ich mich in Wien an jenem Tag mit Spannung
aufmachte, um mir den Bescheid zu holen, wurde ich auf den
16. September vertröstet. „Denn es wäre immerhin möglich, daß
am 15. jemand ein noch höheres Anbot als das Ihrige in Salz=
burg abgesandt haben könnte", meinte man. So fand ich mich
also tags darauf noch einmal in der Herrengasse ein und fragte,
ob unser Anbot in Frage käme. Da stand der Referent von seinem
Sitze auf, verbeugte sich und sagte liebenswürdig: „Ihr Anbot
genügt."

Was machte es mir nun in meiner gehobenen Stimmung aus,
daß er mich auf die lange Dauer und auf die äußerste Kompliziert=
heit der stiftungsbrieflichen Bestimmungen aufmerksam machte.
Ich hörte kaum hin, war mit allem einverstanden und fuhr noch
am selben Tag nach Salzburg zurück.

Aber ich irrte, als ich vermeinte, nun am Ende des mühseligen
Weges angelangt zu sein, denn noch immer überdauerten
Hindernisse den glücklichen Anfang. Zu guter Letzt war es sogar
ein Toter, der in die Geschicke dieses Hauses verwoben war.
Baron Losy hatte für Karl Leopold Stieber von Stürzenfeld auf
dem Stöckl das lebenslängliche Fruchtgenußrecht einverleibt. Ein
Erbe, von dem, obwohl er nun sozusagen urkundlich belegt war,
bisher kein Mensch eine Ahnung gehabt hatte und von dem
daher auch niemand wußte, wo er sich befand und ob es ein Ver=
wandter, ein Freund oder etwa ein treuer Bediener des „Kalten
Barons" gewesen sein mochte. Man suchte und stellte fest, daß er
schon in den sechziger Jahren des vorigen Jahrhunderts unbe=
kannten Aufenthalts gewesen war und also vermutlich nicht mehr
unter den Lebenden weilen konnte. Dies hatte ich aber auf
Grund eines Totenscheines zu beweisen.

Vergebens durchforschte man im Archiv der Stadt Wien die
Jahrgänge 1851—1868 des Totenschauprotokolles und die alten
Friedhofsprotokolle von Währing, St. Marx, Gaudenzdorf, Ober=
Meidling und die vom Schmelzer Friedhof. Diese mir mit
lakonischer Genauigkeit lückenlos aufgezählten Friedhöfe
bewirkten nun in mir eine plötzliche Entmutigung. Sollte das
Kalte Baronhaus in der Tat mit einem Spuk behaftet sein?!

Dunkel habe ich in Erinnerung, daß man mir nun, da nirgends ein Todesfall Karl Leopold v. Stiebers eingetragen war, eine besonders lange Dauer ankündigte, mir aber inzwischen das Ver= fügungsrecht einräumte. Doch im Februar 1931 wurde der Kauf= vertrag endlich genehmigt. In dem damals üblichen Amtsdeutsch schloß der Brief mit:

„Es wolle Euer Hochwohlgeboren daher gefällig sein, sich mit dem Amte der nö. Landesregierung unmittelbar ins Benehmen zu setzen." Auch sei Frau Anka von der Hausver= waltung enthoben. Man ersuche mich bei diesem Anlaß, ihren Bestrebungen nach Beibehaltung der Wohnung „nach Maßgabe der Möglichkeit" entgegenzukommen.

Nach dem mir erteilten Verfügungsrecht wollte ich im November 1931 das Haus besichtigen. Ich nahm den elfjährigen Gilbert mit, der sich glühend wünschte, endlich den Garten zu sehen. Mein Mann hatte, wie so oft, keine Zeit und zeigte auch wenig Lust, mitzukommen; ja, er hatte schon kurze Zeit vorher erklärt, er werde, solange Frau Anka lebe, nie in die Arenberg= straße ziehen. Es hätten ihm doch bereits Patienten zu dem Hauskauf, der sich inzwischen herumgesprochen hatte, kondoliert! Erfahrung mit Psychopathinnen habe er in seiner Praxis genug gehabt! Ich hatte Mühe, ihn zu beruhigen und sagte, daß es vielleicht nur darauf ankomme, so aggressiv sich gebärdenden Menschen mit Freundlichkeit zu begegnen. Ich würde es versuchen und Frau Anka bald aufsuchen.

Als ich dies nach vorheriger Anmeldung tat und sie mir zum erstenmal entgegentrat, fand ich die Schilderung ihrer Person durchaus bestätigt. Der Empfang war eisig. Ich sagte aber höf= lich, ich fände es begreiflich, daß diese Änderung und der Ver= zicht auf die Verwaltung für sie schmerzlich sei. Ich wisse auch, was sie gegen mich erfunden und gegen uns unternommen habe. Doch seien mein Mann und ich bereit, unter alles einen Strich zu machen. Schließlich wurde sie gesprächig und erzählte, natür= lich habe sie das Äußerste unternommen, um den Verkauf zu hintertreiben. Unumstößlich blieb sie bei dem Verdacht, jemand müsse mir „die Wege geebnet" haben. Ich sagte darauf: „Die Beziehungen haben ja Sie gehabt und nicht wir, mein Mann und ich gehören keiner politischen Partei an und kennen keinen einzigen Minister." Nun beendete ich das sinnlose Wortgefecht und bat Frau Anka, mir sämtliche Räume, den Garten und die Kapelle zu zeigen. Wir gingen durch das Haus, dessen besonderer Reiz die überhellen großen Räume waren. Der damals noch un= geschmälert prachtvollen Rundsicht wegen trat ich in jedem bewundernd ans Fenster. Als wir durch den Garten auf das soge= nannte Stöckl zugingen, trat eben ein 16= bis 17jähriges Mädchen aus dem Hause. Da es Blumen in der Hand trug und mir mit liebenswürdigem Lächeln entgegenkam, schloß ich, daß sie für mich seien. Und in der Tat überreichte sie mir auf das anmutigste einen großen Herbststrauß. Jugend und Anmut pflegen uns immer zu entzücken, deshalb schwand in jenem Augenblick das Unbehagen an Frau Ankas Seite. Ja, es regte sich in mir etwas wie Zuversicht und frohe Erwartung. Von dem kleinen Haus, in dem das junge Mädchen mit ihren Eltern wohnte, erzählte man sich übrigens eine — allerdings nur für die Nachwelt — ergötz= liche Geschichte. Es habe nämlich seine Entstehung nur einer nach= barlichen Willkür zu verdanken. Denn als der Besitzer des drei= stöckigen Nachbarhauses Nr. 15, des sogenannten Mösenbacher= hauses, eines Tages von einer langen Reise zurückkehrte, sah er plötzlich, daß im Terrassengarten des Hauses Nr. 19, jedoch direkt angebaut an die Ostmauer seines eigenen Hauses, ein ein= geschoßiger Neubau errichtet und fast bis zur Dachhöhe gediehen war. Dies mag ihm wohl im ersten Schrecken den Atem genommen haben. Auch soll er die Sache dem Gericht übergeben haben, worauf der nachbarliche Streit mit einem Vergleich geendet haben soll. Denn das anmutig erbaute Stöckl lehnt sich heute noch an das verwitterte schöne Mösenbacherhaus und empfängt durch seine von zwei Bogenfenstern flankierte Flügel= tür im Erdgeschoß die ersten Strahlen der aufgehenden Sonne.

Vom reizenden Stöckl wendeten wir uns wieder dem großen Hause zu. Wir stiegen die stark verwitterten hundert Stufen zur Kapelle hinan — und wieder schien mir auch hier ein Geheimnis aus verflossenen Jahrhunderten aufzusteigen.

„Hier ist die Gruft des Barons Losy", sagte Frau Anka, als wir die Kapelle betraten, und zeigte auf eine Steinplatte in der Mitte des Bodens vor dem Altar. Obwohl die Kapelle „Franziski= Kapelle" hieß, stellte das Altarbild nicht den hl. Franz, sondern den Apostel Paulus dar, wie er auf dem Wege nach Damaskus von einem Licht umleuchtet wird und zur Erde fällt.

Wir standen dann noch auf der kleinen Kapellenterrasse. Ich sah entzückt, wie sich zu unseren Füßen über der Stadt das einzigartige Panorama auftat. Es war ein fast klassisch zu nennendes Landschaftsbild, das vom Staufen über den Untersberg, das Hagen= und Tennengebirge bis zum Gaisberg reichte. Von den Türmen tönte der Glockenschlag herauf und unten stand das feste Gebäude mit ziegelgedecktem Pyramidendach. Es bildete mit dem damals noch bestehenden Grabendach des Nachbarhauses eine einst so harmonische Einheit.

Auf meinem Heimweg dachte ich noch einmal über die seltsame Geschichte dieses Hauserwerbs nach. — „Ich würde nie ein Haus unter Mieterschutz kaufen", hatte uns einmal ein gewiegter Bankier gewarnt. Das im Jahre 1914 unter Kriegsnot geschaffene Mietengesetz war eisern, niemand würde eine fast als geschenkt zu bezeichnende Wohnung (Schilling 20.— Monatsmiete) in schönster Lage freiwillig räumen. Frau Anka bezahlte als ehemalige Verwalterin sogar nur Schilling 13.60 für den ganzen ersten Stock. Der Besitz dieses Hauses konnte unsere finanzielle Lage nur verschlechtern. Dazu gab es eine nahezu unbesiegbare Macht: Wie sollte man es fertigbringen, mit einer Psychopathin in Frieden zu leben?

Von den in ihrer Gegenwart eingeschüchterten Hausbewohnern erfuhr ich nach und nach, wieviel sie unter ihrem herrschsüchtigen Temperament zu leiden gehabt hatten. Die Unterschrift gegen mich hatten sie unter ihrem Einfluß alle geleistet, aber nun — so schien es mir — gönnten sie ihr die Niederlage.

Die alte Dora verlieh diesem Gefühl einen köstlichen Ausdruck, als ich sie in ihrem Stübchen zum erstenmal aufsuchte und sie alles aufzählte, was ihr von der „Hausfrau", so nannte sie die Verwalterin, angetan worden sei. „I hab ihr deswegn nia was Böses gwünscht, so was tua i nit, aber segn S', dann hat sie do amol was Übl's troffn: Sie san kommen!" Und als ich sie einmal auf der Stiege traf, raunte sie mir mit einem Blick zu Ankas Wohnungstür zu: „Wissen S', wann i da vorbeigeh, spritz i jedsmal Weihwasser umi gegen den Gottseibeiuns und vor meiner Tür an Pfeffer für die Katzen." Dann öffnete sie die Tür des Zimmers und wies verstohlen auf ein Bild des Erzengels Michael, der als Schutzpatron gegen die Dämonen gilt und dessen Bild sie an die sie von Frau Ankas Wohnung trennende Wand gehängt hatte.

Doras von einem Treppenabsatz zugängliches Gelaß war ärmlich und klein. Die Wände waren mit Heiligenbildern förmlich tapeziert, aber auch ein Bild des Kaisers Franz Josef schmückte es. Es wurde im Jahr 1938 durch ein Hitlerbild ersetzt, denn nun kamen statt der wohltätigen Aristokratinnen die Damen der NS=Volkswohlfahrt zu Dora. Man munkelte, daß sie sich heimlich durch Kartenaufschlagen einen kleinen Nebenverdienst schuf. Im Turnus allen Geschehens war es aber im Jahr 1938 damit zu Ende, denn Wahrsagen war im Nationalsozialismus streng verboten.

Dora war sehr abergläubisch und fürchtete sich am meisten vor den Flüchen Ankas, die, von äußerst cholerischer Gemütsart, im Streit, oder wenn ihr Machttrieb etwas nicht durchzusetzen vermochte, gegen alle die unglaublichsten Verwünschungen aussprechen konnte. Als ich die Situation im Hause überblickte, war es mir klar, daß jede Hoffnung auf einen friedlichen Gesinnungswandel Ankas utopisch war. Zwischen ihr und den Hausbewohnen gab es fortgesetzt Streit und beschämende Auftritte, es kam sogar zu Ehrenbeleidigungen und Tätlichkeiten. Kein Wunder, daß ein Hausbesorger nach dem anderen kündigte.

So ärgerlich es war, mit dem Hause die Last einer pathologischen und durch das Gesetz geschützten Mieterin übernommen zu haben, wir ließen uns die Freude nicht vergällen und nahmen vieles mit Humor. Alfred Kubin beneidete uns fast um die Episoden, die sich um das „Kalte Baronhaus" rankten. Frau Anka müsse er unbedingt kennenlernen, wünschte er sich. Ich sagte, daß dies nur möglich sei, wenn wir sie zufällig im Garten begegnen sollten. Er müsse sie „Frau Oberoffizial" anreden, da sie auf diesen Titel ungeheuren Wert lege. Der gewünschte Zufall ergab sich, als Kubin mich eines Tages in den Garten begleitete. Ich tat ihm den Gefallen, Frau Anka, der ich sonst aus dem Wege ging, in ein kurzes Gespräch zu verwickeln und ihn vorzustellen. Wie deutlich sehe ich heute noch alles vor mir: die geschmeichelte Frau Anka, den sie mit Blicken durchbohrenden Alfred Kubin, der kaum hinhörte, auf das, was sie sprach, und dennoch bemüht war, sie noch ein paar Augenblicke festzuhalten. Denn er zeichnete sie bereits mit den Augen, wie Künstler zu tun pflegen, wenn sie ein fesselndes Erlebnis erhaschen.

Unverzüglich brachte mir die Post ein paar Tage später eine von Kubin gezeichnete Karikatur mit der Widmung: „Die Er= innerung ist immer schöner als die Wirklichkeit."

In den Jahren, ehe wir das Haus bezogen — wir wohnten weiterhin im Langenhof — war uns der Garten besonders wichtig. Es wachte plötzlich eine alte Bezogenheit zum Boden in mir auf. Ich war ja in Südtirol auf dem Anwesen eines großen Gutsbesitzers aufgewachsen. Noch klangen mir die endlosen Gespräche über Anbau, Pflege und Boden in den Ohren. Sie lang= weilten mich als junges Mädchen, riefen mir aber jetzt in Er= innerung, wieviel Fachwissen zur Bebauung der Erde nötig ist. „Wir sollten den Garten zunächst verpachten", schlug ich daher meinem Mann vor. Den Ertrag einer großen Terrasse und den der Obstbäume wollten wir uns vorbehalten. Der unternehmungs= freudige Gärtnermeister Rauschhofer war von der Südlage unseres Terrassengartens von solcher Begeisterung ergriffen, daß er unseren Vorschlag sofort annahm. Mit fieberhafter Eile ging er schon in den ersten Märztagen zu Werke. Als wir von einer mehr= wöchigen Kur aus Baden zurückkamen, war die Frühjahrsarbeit schon getan. Mir lachte das Herz, als ich die lockere Erde sah, die uns vorbehaltene Fläche fachgemäß bearbeitet, die Beete abge= steckt und mit vielversprechenden, teils südländischen Gewächsen, Blumen und Gemüse bepflanzt. Ich ging nun mit meinem Mann und mit den Kindern oft hinaus, schaute dem Gärtner zu, befragte ihn, beobachtete das Wachsen oft eines einzigen Tages und viele Dinge, die ich früher nie beachtet hatte. Ein seltenes Gefühl der Freude durchströmte mich in jenem Gartenjahr, wenn ich die wohlbestellten Gemüsebeete, die gepflegten Obstbäume sah und auf meinem Rad nach Hause bringen konnte, was wir brauchten. Mit welchem Stolz entleerte ich dann in der Küche die eingebrachte Ernte!

Doch, wie alles im Leben vergeht, nahm auch diese Freude ein jähes und unerwartetes Ende: der Pächter, der für die Aus= gestaltung unseres Gartens immer neue Pläne hatte, erkrankte und starb eines frühen Todes.

Links von der Kapelle führten ein paar Stufen zu einer kleinen Terrasse, die am Waldrand von grünen Büschen begrenzt, einen anmutig geschlossenen Eindruck machte. Da sie auch einen so märchenhaften Blick ins Weite freigab, bildete sie immer den Lieblingsplatz meines Mannes. Wie oft saßen wir später an schönen Abenden dort, zuweilen auch zu einem Familienmahl versammelt oder mit Gästen, die wir an dieser Naturschönheit teilnehmen lassen wollten. Einmal boten wir ihnen eine besondere Überraschung: Auf dieser kleinen Terrasse wurde musiziert. Professor Ledwinka spielte den Cellopart, da und dort saßen auf Mauern und Gartenbänken der unteren Terrasse die Zuhörer.

Es war ein heißer Sommerabend, es regte sich kein Hauch, nur im Grase hörte man Knistern und Zirpen und aus den Büschen flogen leuchtend die Glühwürmchen. Nun begannen leise die Geigen, und als verbände sich die Musik mit dem Zauber der Natur, war dieses Ineinander von Abendlandschaft, wunderbaren Klängen und entzückt lauschenden Gestalten, die allmählich von der Dämmerung eingehüllt wurden, etwas ungemein Poetisches.

Nach dem Tod unseres Gärtners waren wir einige Zeit hindurch auch sonst von Sorgen geplagt. Sie fielen in die überaus schwere Wirtschaftskrise der dreißiger Jahre. Die Unterhandlungen mit dem präsumtiven Käufer einer Bauparzelle sollten die Ratenzahlung des restlichen Kaufschillings ermöglichen. Sie zogen sich in die Länge, während die Zahlungstermine in die Nähe rückten. Die Geldknappheit in Österreich war so groß, daß Kreditansuchen auch dann nicht bewilligt wurden, wenn die Sicherstellung nicht nur gut, sondern erstklassig war, „wie in Ihrem Falle" — schrieb uns ein befreundeter Direktor einer Versicherungsanstalt. Die drohenden Mahnbriefe des Dr. Finsterbusch — so hieß sinngemäß der unterfertigte Beamte der Finanzprokuratur — versetzten uns in Unruhe. Aber wie sich uns im Wolkenhimmel immer wieder eine lichte Fläche auftat, so entschwand auch diesmal die Gefahr.

Mit Geld, jedoch nicht ganz ohne gerichtlichen Beistand und Vergleich, gelang es uns nach Jahren, in die mietengeschützte Festung einzudringen. Architekt Deininger wurde beauftragt, den zweiten Stock für unsere Zwecke instand zu setzen, die fehlenden Nebenräume einzubauen sowie den ersehnten Komfort mit Zentralheizung und moderner Küche. Es gab auch für die Mietparteien manches Erfreuliche: es gab endlich Wasser im Haus, das man bis dahin aus einem Brunnen hinaufschleppen mußte, es gab beleuchtete Treppen, keine offenen Aborte mehr und noch dies und jenes, was in einem Dornröschenschlaf des vierhundert Jahre alten Hauses nie geändert worden war.

Das reizvolle, schöpferische Wohnungseinrichten suchte ich, übermüdet, manchmal durch Schwimmpausen im nahen Franz=Josef=Bad zu unterbrechen. An einem glutheißen Tag traf ich dort einmal Stefan Zweigs Frau. Nach der wunderbaren Er=frischung des Schwimmens sonnten wir uns beide auf den warmen Brettern. Im Lauf unseres Gespräches richtete Frau Zweig plötz=lich die überraschende Frage an mich, ob ich ihr nicht einen Käufer für ihr Haus nennen könnte. „Wie" sagte ich, „für Ihr Haus? Sie werden doch nicht Ihr schönes Haus am Kapuziner=berg verkaufen!?" Sie erwiderte nun sehr ernst: „Ja, doch. Mein Mann will von Salzburg nichts mehr wissen. Er wird auch gar nicht mehr hierher zurückkommen." (Er befand sich damals in der Schweiz.) „Er ist überzeugt, daß auch Österreich Hitler zum Opfer fallen wird." Als sie dies sagte, umwölkte sich plötzlich der blaue Himmel. Ein unheimliches Schweigen stand um uns. Ich blieb einige Sekunden nachdenklich, dann sagte ich, daß ich im Augenblick niemand wüßte, mich aber umhören wollte. Als wir uns trennten, fiel mir eine Gegenfrage ein: ob sie Festspielgäste kenne, denen wir unsere umgebaute Wohnung vermieten könnten. Sie erwiderte gleichfalls: „Im Augenblick niemand." Doch wolle sie sich's gerne angelegen sein lassen. Am nächsten Tag traf ich in der neuen Wohnung letzte Anordnungen. Ich stieg im Wohnzimmer auf einen Stuhl, um an der Wand eine der hübschen Appliken zu befestigen. Da trat, noch ehe ich den ersten Hammerschlag getan, durch die halboffene Tür eine elegante Dame mittleren Alters. Sie redete mich französisch an und sagte, Madame Zweig schicke sie zu mir. Sie suche für die Festspielzeit eine große Wohnung zu mieten. „Ach ja", sagte ich, „nur ist sie, wie Sie sehen, nicht ganz fertig. Ich werde mich zwar beeilen, aber es wird doch noch eine Woche dauern, bis man sie beziehen kann," „Oh, cela ne fait rien" (das macht nichts), sagte sie. „Wir werden im Hotel warten, bis Sie fertig sind. Mein Mann ist dort verzweifelt, er weint den ganzen Tag." Warum er denn weine, fragte ich erstaunt. „Er ist sehr sensibel", erwiderte sie. „Er hält es in dem kleinen Hotelzimmer nicht aus. Aber hier wäre er sehr glücklich. Bitte, reservieren Sie uns jeden freien Raum in diesem

Hause. C'est très sympathique." Und, indem sie sich im Raume umsah, wiederholte sie: „C'est très sympathique."

Sie hatte sich als Madame Jouve aus Paris vorgestellt. Daß sie Ärztin und Psychoanalytikerin war, erfuhr ich durch Frau Zweig. Mr. Jouve war Schriftsteller, ein äußerst sensibler Ästhet und großer Bewunderer Bruno Walters, dessen Verehrer in jenem Sommer auf ihre Rechnung kamen, denn er dirigierte die Opern „Don Giovanni" und „Orpheus" sowie „Corregidor" von Hugo Wolf und drei Orchesterkonzerte. Um ein stilles, von allen übrigen getrenntes Arbeitszimmer bat mich Mr. Jouve. Von seinem Schreibplatz ging der Blick in einen blütenreichen Nachbargarten, über Gärten zum Gaisberg, was Mr. Jouve entzückte. Dort schrieb er nun auf feinstem Büttenpapier seine Gedichte und konzipierte sie auch auf Büttenpapier, das er oft nur mit zwei Zeilen beschrieben wegwarf.

Schneller als ich es wünschte, hatten sich also doch gute Mieter gefunden. Daß es kultivierte Franzosen mit Geschmack waren, gehörte zu diesem Glücksfall dazu. Das „très sympathique" von Madame Jouve hatte so von Herzen aufrichtig geklungen. Sie hatte also meine Befürchtung, daß die Wohnung zu dürftig möbliert sein könnte, zerstreut. Vielleicht bestand gerade darin ihr Stil. Ich glaubte es wenigstens festzustellen, als ich das Wohn= zimmer noch einmal betrachtete. In einem überfüllten Raum hätte das italienische Buffet, über dem ein Piranesi hing, nie so das Auge auf sich gezogen. Auch der lange Renaissancetisch mit den geschnitzten Stühlen hätte nicht so den Raum beherrschend gewirkt.

Ich war gespannt, welche Gäste Madame Jouve, die später als Übersetzerin von Sigmund Freud bekannt wurde, nun mit sich bringen würde. Eine Südafrikanerin übersiedelte aus dem Hotel „Europe" zu uns, desgleichen die Tochter des Direktors der Bank of England, auch an eine Prinzessin Löwenstein und an die französische Pianistin Monique Haas erinnere ich mich.

Ich pendelte oder besser gesagt hetzte zwei= bis dreimal im Tag zwischen Langenhof und Arenbergstraße hin und her. Da meine Mieter nicht deutsch konnten, hatte ich auch immer wieder als Dolmetsch zu walten.

Wer Madame de Saint=Exupéry, die Frau des berühmten französischen Fliegers, zu uns gebracht hatte, habe ich vergessen.

Ich konnte sie nur noch in unserer Stadtwohnung unterbringen. Ich habe sie als eine zarte, kleine, dunkelhaarige Frau in Erinnerung. Überaus gesprächig schien sie mir, auch ruhelos, zerstreut und stets unschlüssig. Das Foto ihres Mannes durchbohrte sie ein paarmal mit Stecknadeln. Mochte sie vielleicht ein vergebens erwarteter Brief dazu veranlaßt haben? Eines Tages reiste sie unvermutet und fast überstürzt ab.

Als sich im Herbst Jouves verabschiedeten, atmete ich ein wenig auf. Ich freute mich auf die Traulichkeit eines geruhsamen Winters, den wir noch im Langenhof verbringen wollten. Nun aber standen nicht nur geruhsame Tage, sondern auch ein drängendes Überlegen und das Planen des Übersiedelns von mir; und eine teils erlösende, teils wehmütige Umwälzung vor meinem Mann. Denn noch immer waren die Stühle in seinem Wartezimmer besetzt, immer noch schrieb und blätterte er oft zu später Nachtstunde in seinem Krankenbuch. Immer noch besuchte er Patienten und stieg klaglos die hohen Treppen in den oft fünfstöckigen Häusern der Altstadt hinauf. Klaglos, weil dies seine aufopfernde Art war. Aber kummervoll für mich, weil ich sah, aus welcher Mühsal dies alles erwuchs. Es bedrückte ihn selbst, sich nicht aufraffen und den Tag nicht bestimmen zu können, an dem der letzte Kranke das Wartezimmer verlassen würde. Ein Ereignis von außen tat es für ihn. Wie so oft im menschlichen Leben trat es in Gestalt eines Leids an ihn heran. Er glitt eines Tages aus, brach sich mehrere Rippen und erkrankte daraufhin so schwer, daß wir alle für sein Leben zitterten. Ich hatte ihn in unserer langen Ehe niemals krank, sondern nur mit ausdauernder Kraft und Gesundheit gesegnet gesehen. Nun erschrak ich zutiefst über sein Aussehen, sah die besorgten Mienen der Ärzte und glaubte ihn eines Abends dem Verlöschen nahe.

Nach einigen Tagen des Bangens geschah das kaum zu Erhoffende: die widerstandsfähige Natur des Kranken siegte. Wir wußten, daß er in absehbarer Zeit genesen würde und sahen nun in seiner Krankheit eine segensreiche Fügung, weil sie seinem ärztlichen Beruf ein natürliches Ende gesetzt hatte.

Das Jahr näherte sich dem letzten Abschnitt der an Erlebnissen reichen Zeit, die wir im Langenhof verbracht hatten. Ich habe dort unendlich viel Menschen kennengelernt. Darunter auch den Dichter und Kulturphilosophen Rudolf Pannwitz. Er lebte in den dreißiger Jahren in Salzburg und kam damals öfter in unser Haus. Die Einigung Europas war sein leidenschaftlichstes Anliegen. Wie ein Rufer in der Wüste wurde er nicht müde, auf das Bedrohliche des Untergangs aller Kultur hinzuweisen. In der langen Reihe seiner Bücher ist eines seiner besten und bekanntesten: „Die Krisis der europäischen Kultur." Er ließ wie Stefan George alle seine Bücher in Kleinschrift und ohne Interpunktionszeichen drucken. Er hoffte, daß man sie dadurch genauer lesen würde. Aber vielleicht war es gerade diese Eigenart des Schreibens und die sprachlich ungemein komplizierte Formung, die dem Wirken in breitere Kreise hinderlich waren.

Leopold Andrian, Diplomat, Dichter und Enkel des Komponisten Meyerbeer war früher einmal durch Schmitz in unser Haus gekommen. Den feinsinnigen Lyriker Paul Thun=Hohenstein, den ich durch Bahr kennenlernte, habe ich noch in Erinnerung. Auch an die anregenden Besuche des Literarhistorikers Josef Nadler, der im Sommer meist zu den Hochschulwochen kam, denke ich gerne. Felix Braun, den wir einen lieben Freund unserer Familie nennen durften, kannte ich durch Jahrzehnte. Wenige haben wie er in seinen Gedichten und meisterhaften Essays die österreichische Atmosphäre so faszinierend spürbar gemacht. All der Gehalt des Erlebten, der Begegnungen und Freundschaften war mit den Jahren im Langenhof verbunden. Es war einst, als wir vom Ludwig=Viktor=Platz in die Sigmund=Haffner=Gasse zogen, die Erfüllung unserer Sehnsucht nach Weiträumigkeit. Doch mußten wir sie, wie ich bereits schilderte, mit mangelnder Tageshelle bezahlen. Allmählich war dann unser Streben auf etwas Neues gerichtet. Doch eigentlich war es nichts Neues, es war nur der alte Traum von Sonne und einem Heim in schöner Natur. Nun wurde nach unendlich vielen Mühen, heimtückischen Anschlägen und enttäuschenden Rückschlägen unsere Hoffnung endlich erfüllt.

Noch war uns dann jahrelang ein geduldiges Warten auferlegt und als Letztes ein trüber, frühdunkelnder Winter im Langenhof.

War es wirklich reine Freude, ihn nach 17 Jahren zu verlassen? Wenn ich an jene Zeit zurückdenke, so tritt aus meiner Erinnerung auch eine leise Wehmut, die unsere Vorfreude auf das Kommende überschattete. Ich betrachtete oft die Möbel, die

Bilder an den Wänden, die Gegenstände, mit denen wir uns umgeben hatten. Sie waren als Ganzes mit tausend Begebnissen, mit einer Fülle von Erlebtem verbunden. Doch wenn meine Phantasie sie aus diesem Umkreis gerissen sah, fühlte auch ich, daß unser Leben um etwas Unwiederholbares ärmer sein würde. Auch hieß es nun von der reizvollen Atmosphäre der Altstadt Abschied nehmen, von jeder Annehmlichkeit des zentralen Wohnens. Wenige Schritte führten zum Aufstieg auf den Mönchsberg und zum Festspielhaus. Der Grünmarkt und das Gymnasium lagen um die Ecke, die unvergleichliche Franziskanerkirche uns schräg gegenüber.

Wenn ich mir ins Gedächtnis rufen will, wie mein Mann und die Kinder sich angesichts der Trennung verhielten, so erinnere ich mich deutlich an Aussprüche, die es mir verrieten, daß auch sie die Vergänglichkeit bedrückte. Es liegt eben doch eine tiefe Wahrheit in dem italienischen Sprichwort:

> Partire è sempre un poco morire.

Was frei übersetzt „Sich trennen ist immer ein halbes Sterben" heißen könnte.

Im Kalten Baronhaus

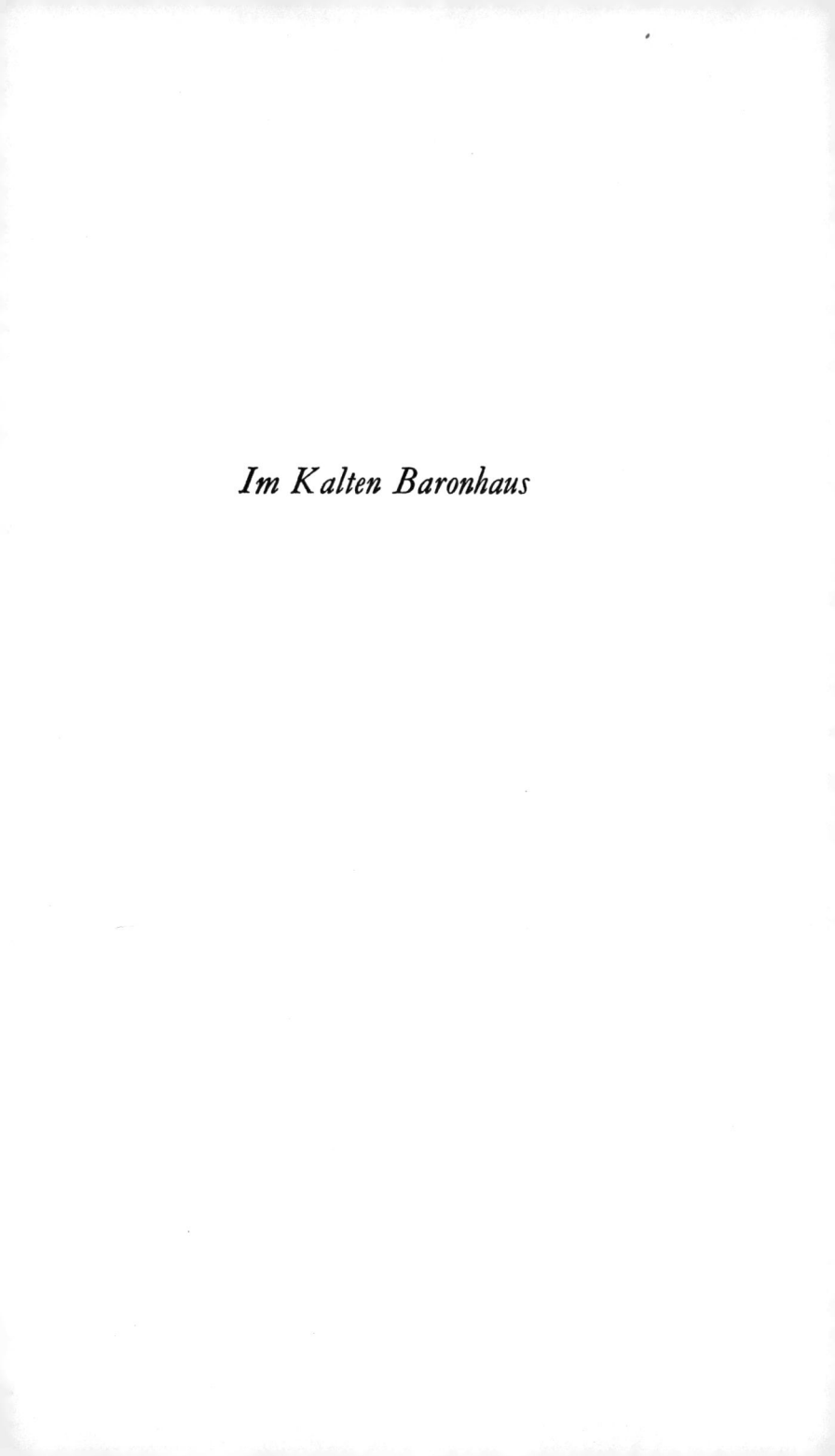

Von unserem Einzug in das Kalte Baronhaus ist mir nur das Datum in Erinnerung, der 29. April 1937, und der mit Deutzien geschmückte Tisch, an dem wir den Tee tranken. Sie sahen beim ersten Anblick wie aufgeblühter Flieder aus. Die Frau des Haus= besorgers hatte sie von den Sträuchern im Garten geholt. Dieser Hausbesorger hieß Engel und hatte bei seiner Bewerbung um die Stelle auf diesen Namen hingewiesen. „Ich heiße Engel, da gibt's nix," sagte er, als er sich vorstellte.

Nun waren wir zum erstenmal in dem neuen Haus vereint, und ich sah in die glücklichen Gesichter meiner Familie.

Die Festspiele 1937 hatten wie üblich am 28. Juli begonnen. Wie jedes Jahr waren Hunderte von eleganten Autos aus dem Ausland, nur wegen der Tausendmarksperre nicht aus Deutsch= land, in der Hofstallgasse aufgefahren. Doch neben der üblichen Spannung, die dieses Ereignis auszulösen pflegte, zeigte der An= blick mancher bewaffneter Polizisten eine Hochspannung anderer Art an. Leopoldskron soll sogar, so hieß es, von einem Trupp Soldaten bewacht gewesen sein, weil ein dem Schloßbesitzer Max Reinhardt zugedachter Sprengstoffanschlag kürzlich das Portal und die Halle beschädigt hatte. Ich greife hier auf dieses Zeitbild mit seinen vielen, durch Hitlers Parteigänger ausgelösten Böller= explosionen auch deshalb zurück, weil es eine Episode erklärt, die Jouves bei ihrem zweiten Salzburger Besuch in jenem Sommer erlebten. Als sie eines Tages mit den zwei jungen Damen, die zwecks psychoanalytischer Behandlung durch Madame Jouve, mit ihnen wieder zu uns gekommen waren, wurde ihr Wagen auf der Nonntaler Brücke plötzlich angehalten. Mit dem Chauffeur wurden alle vier zur Polizei gebracht. Was war geschehen? Was für einen Gegenstand hatte eine der jungen Damen, so fragte man sie, in der Imbergstraße aus dem Wagen in einen der Vor= gärten geschleudert? Keiner von ihnen verstand, um was es sich handelte. Sie konnten ja kein Wort Deutsch und die sie verhörenden Beamten ebensowenig Französisch. Mr. Jouve schilderte uns humorvoll, wie sich die streng blickenden Gesichter bei dem von ihm ausgesprochenen Namen Schuchter aufgehellt hätten. Es fand sich schließlich ein Dolmetsch, dem sie erklärten, daß sich eine der jungen Damen auf diese etwas ungewöhnliche Art eines leeren Etuis entledigen wollte, indem sie es einfach aus dem Wagen warf.

Was alles hatte sich in jenem Jahr zugetragen!

Im Glücksgefühl und unter dem Zauber des Neuen war die Wehmut, die uns beim Abschied vom Langenhof beschlichen hatte, rasch verschwunden. In mir machte sie jedoch — ich besinne mich dessen genau — einer neuen Platz; vielleicht lag es ein wenig in meiner Natur, daß ich in allen aufeinanderfolgenden Ereignissen die geheime Tragik fühlte, die wie eine ununterbrochene Kette das Leben zu begleiten pflegt. Wenn ich, oft kostbare Arbeitszeit versäumend, den Blick in die Ferne gerichtet, an den Fenstern unserer Wohnung stand, um lange entzückt die vor uns gebreitete Landschaft zu bewundern — dann kam plötzlich der Augenblick, in dem ich in die jüngste Vergangenheit der 10 bis 15 verflossenen Jahre zu blicken begann.

„Wir haben zu spät errungen, was wir so lange ersehnt haben", sagte ich mir dann und sah, mir seine Kinderjahre zurückrufend, Gilbert, wie er in dem dunklen, riesigen Wohnzimmer des Langenhofs einsam mit seiner Eisenbahn spielte. Wie hatte es ihn erregt, als er hörte, daß wir vielleicht in ein Haus mit Garten ziehen würden! Aber die Kinder- und Knabenjahre vergingen, und als wir übersiedelten, stand er bereits im 17. Lebensjahr. Doch tröstete mich im selben Augenblick ein freudigeres Ereignis, nämlich das Entzücken, das ich meinem Mann ansah, der nun endlich sein Leben in friedsamer Stille genießen konnte. Dazu stand, als wir einzogen, alles in heller Blüte. Der Garten war mit dem Auf und Ab der vielen kleinen Treppen, den Terrassen und den 100 Stufen zur Kapelle am Waldrand zwar mühsam. Mein Mann stieg sie aber trotzdem oft hinauf, weil er die Fernsicht und die kleine Kapellenterrasse besonders liebte. Dort war es damals noch so unbegreiflich still. Noch gab es ja keine täglich dröhnenden Flugzeuge, noch keinen pausenlosen Lärm der jetzt unten im Kreisverkehr vorbei=

fahrenden Autos. Nur Glockengeläute tönte damals von den Kirchtürmen, und die Amseln sangen.

Einmal stürzte mein Mann über die Steinstufen und war dann kurze Zeit an das Bett gebunden. Er trug es geduldig, und es war ihm tröstlich, daß soviel Sonne und Helle in die Räume drang. Er schaute von seinem Bett auf einen überreich blühenden Obstbaum und den tiefblauen Himmel, und immer wieder entzückten ihn Friede und Schönheit. Doch die Freude seines Lebens war nun besonders die Anwesenheit der drei Kinder. Er wollte, daß sie immer um uns seien, was jedoch nicht allzu häufig der Fall sein konnte. Sosehr sein Anliegen auch das meine war — ich fühlte oft gerade in glücklichen Augenblicken des Beisammenseins, daß es nur noch von kurzer Dauer sein würde. Unsere Tochter Edith hatte eine Stelle als Lateinlehrerin am Realgymnasium der Ursulinen, Gilbert lockten zwar die Musikstädte Wien und Berlin, aber ein Studium wird ja durch Ferien unterbrochen, und Gertrud kam regelmäßig auf Besuch. Obwohl ich also nicht recht wußte, wohin ich die plötzlich in mich eingedrungene Angst lenken sollte, wich sie nicht von mir.

Es gab damals manche Ereignisse, die in mir das Bewußtsein gefahrvoller kommender Dinge weckten. So trat ich einmal spät abends an das Fenster, um eine mondhelle Nacht zu bewundern. Da sah ich zu meiner Verwunderung im fernen Gebirge eine grelle Lichterzeile, die sich den Göll hinaufzog und nach meiner Beobachtung in den folgenden Nächten rasch in die Höhe wuchs. Ich konnte mir nicht erklären, was das bedeuten solle, und erfuhr von Bekannten, daß Hitler sich eine Straße zu dem 2000 m hohen Kehlstein oberhalb des „Berghofs" bauen und auch nachts, um den Bau voranzutreiben, bei Scheinwerferlicht arbeiten ließ.

Je öfter ich nun vor dem Schlafengehen zum Göll hinüberblickte und dieses gleißende Lichterspiel betrachtete, desto deutlicher wurde es für mich zu einem Vorzeichen eines nun rasch auf uns zukommenden Unheils. Von allen Seiten uns zufliegende Gerüchte verstärkten in mir dieses Vorgefühl. Viele redeten von spannenden, andere von düsteren Prophezeiungen. Gilbert, der in jenem Jahr sein Musikstudium in Wien begonnen hatte und häufig Bruno Walters Proben beiwohnen durfte, schrieb uns, der zufällig in Wien weilende und mit uns befreundete Komponist

Walter Braunfels sei, ebenso wie Bruno Walter, in bezug auf das Schicksal Österreichs überaus pessimistisch. Sie sähen beide das Ende eines selbständigen Österreich voraus. Toscanini habe seine Mitwirkung bei den Salzburger Festspielen bereits abgesagt.

Zur Vorgeschichte der nationalsozialistischen Okkupation Österreichs sind unzählige Kommentare und Berichte geschrieben worden. Ältere Österreicher werden sich noch an die meister= hafte Propaganda für eine illegale Durchsetzung dieses Zieles erinnern. Unter den selbst erlebten Episoden fällt mir auch eine humoristische ein. Auf einer Fahrt nach Wien saß in meinem Coupé auch ein Preuße, der plötzlich eine aufdringliche Propa= gandarede für Deutschland hielt: Wie doch draußen alles anders sei und man sich von dem phantastischen Fortschritt Deutschlands keinen Begriff machen könne, von dem Arbeitswillen unter Adolf Hitler, von den gigantischen Bauten, der Rüstung und von der rasenden Schnelligkeit der Züge, mit der sie seit neuestem die Strecke Berlin—München zurücklegten. Das spickte er noch mit herabsetzenden Bemerkungen über Österreich, wie lächerlich und rückständig doch alles sei, was man hier unternehme. Nachdem er mit seinen prahlerischen Reden endlich am Ende war, schaute er herausfordernd in unsere Ecke, in der auch ein biederes Bäuerlein saß, das mit dem Hut am Kopf gemütlich seine Pfeife rauchte. Jetzt nahm es die Pfeife einen Augenblick aus dem Mund und sagte zu unserer Verteidigung, indem es freundlich unter den Mitreisenden — alle wolle es um ihre Zustimmung heischen — herumblickte: „Aber gehn S' — uns pressiert's ja nit a so!" Das war sein Argument, und man sah seinem heiter ver= schmitzten Gesicht an, daß er es für überzeugend genug hielt und auch für am besten geeignet, zu friedvoller Einigkeit zu gelangen. Die Einigkeit unter den Mitreisenden hatte er jedenfalls in dem allgemeinen Gelächter und der ihm zugewendeten Sympathie erreicht. Ich habe bis heute nicht vergessen, wie diese komische Antwort das Schockierende des überheblichen Reisenden in befreiendem Humor auflöste.

Gilbert berichtete nun laufend und in interessanten Briefen über die damals in Wien herrschende und von Tag zu Tag zu= nehmende Spannung. Ich bedaure es heute noch, alles verbrannt zu haben. Ein Bekannter erzählte mir nämlich in den ersten Tagen der Besetzung von vielen Hausdurchsuchungen und Ver=

haftungen. Angesteckt von dieser Angst, verbrannte ich kurzerhand wahllos, ohne zu überprüfen, alle Briefe. Obwohl ich mir, nüchtern bedenkend, hätte sagen müssen, daß wir zwar der Gestapo vermutlich als „unbelehrbar" bekannt, aber im Grunde für sie bedeutungslos waren.

Den Gipfel erreichte die Hochspannung mit Schuschniggs Besuch am Obersalzberg im Februar 1938 mit dem folgenden Alarm: Seine verzweifelte Ausrufung einer Volksabstimmung, die am 13. März stattfinden sollte. Doch Hitler hielt damals bereits alle Karten in der Hand, deren wichtigste die Achse Berlin=Rom und die Wandlung im Verhalten Mussolinis war, der in der Stunde der Not sich von Österreich abwandte. „Ma non è mica l'Anschluss" (es ist ja gar nicht der Anschluß!) sagte zu mir am 12. März der italienische Konsul, in dessen Haus ich oft verkehrte und dem ich zufällig im Hof von St. Peter begegnete. Ich konnte ihm nur kopfschüttelnd erwidern, wie er denn nach den Ereignissen der letzten 24 Stunden noch daran zweifeln könne. Ich wußte, daß er kein Freund Hitlers, aber ein Bewunderer seines Duce war und merkte, daß ihm nun der mit Hilfe Mussolinis errungene Sieg peinlich war. Zur Zeit eben dieses Dialogs überschritt Hitler nach dem am Vortag erfolgten Einmarsch seiner Truppen bereits die österreichische Grenze.

Am 11. März tönte nach 18 Uhr für alle Welt das Ende Österreichs aus dem Radio, als Schuschnigg in einer ergreifenden Rede mit dem Wort „Gott schütze Österreich" Abschied nahm. Gleich darauf vernahm man, wie ein fernes Echo aus der versunkenen Monarchie, die Klänge des Kaiser=Quartetts von Haydn. In meiner Erschütterung schien es mir, als hätte ich nie im Leben eine so tief zu Herzen gehende Musik gehört.

Die harte Wirklichkeit des nächsten Morgens: Ich trat nach dem Aufstehen an das Fenster unseres Schlafzimmers und sah zum erstenmal jenseits der Brücke das grelle Rot einer am Justiz=gebäude gehißten Hakenkreuzfahne. Wieder traf mich das — und diesmal noch stärker als jene flammenden Lichter am Göll — als eine Botschaft des Unheils. Ich erlebte zum zweitenmal das Ende Österreichs. Die Umsturzwelle brauste über uns hinweg, Hitler zog, von seinen Anhängern triumphal empfangen, in Linz und Wien ein.

Die Stadt Salzburg hatte nach jenem 12. März nun plötzlich ein anderes Gepräge. Ungeheure Menschenmassen fluteten von Deutschland herein, es regnete Verordnungen, Verbote und Befehle, unsere gelben Briefkästen wurden sofort durch rote ersetzt, ich dachte unwillkürlich an das von jenem Preußen vielgepriesene „Tempo". Kein Wunder, daß es ebenfalls beitrug, manchen Urösterreicher in eine Abwehrstellung zu drängen. Ich hatte schon in den ersten Tagen jenes Fiebers, jener Hast des Umänderns, Umbildens einen bezwingenden Eindruck davon, als ich am Mozartplatz zufällig dem Bruder des Dichters Trakl begegnete. „Wie geht es Ihnen, Herr Trakl?" fragte ich ihn, denn er sah so schlecht und gedrückt aus, daß mir diese oft so leichthin gebrauchte Frage von Herzen kam. Da zuckte er die Achseln, schaute mich unsagbar traurig an, blickte dann halbverloren um sich und sagte, so halb im Gehen und als spräche er mit sich selbst: „Es stirbt sich halt jetzt leichter." Ich habe dann nichts mehr von ihm gehört, bis mich — sehr bald nach dieser Begegnung — die Nachricht von seinem Tod erreichte.

Es war damals ein strahlender Frühling mit noch kalten Nächten. Sie hinderten aber das sich nun so laut gebärdende Straßenleben nicht, und auch nicht die täglichen Aufmärsche, die Lieder, die Sprechchöre und die bewimpelten Aufzüge der nun zu BDM und HJ ernannten österreichischen Kinder. Hitler, der ein die Massen mitreißender Redner war, stürmte damals vor dem von ihm festgesetzten Volksentscheid kreuz und quer durch Österreich, um das Volk für ein Ja zum Anschluß zu begeistern. Am Vorabend der Wahl, dem 9. April, hielt er einen triumphalen Einzug in die Kaiserstadt und eine flammende Rede, in der er sich als „Gottgesandter" fühlte und die Vorsehung pries, die dieses Wunder an ihm gewirkt habe. Eine Bekannte, die sich zufällig in Wien befand, erlebte dabei folgende Episode: Hinter der Menge stand neben ihr ein einfacher Mann, sichtlich ein Wiener, der mitten in dem Triumphgeschrei nach der ekstatischen Rede des „Führers" den Kopf schüttelte und sagte: „Mir haben die Türken außibracht, mir werden de a no außibringen!" Sprachs und wandte sich zum Gehen.

Sie legten beide die SS-Uniformen an, als sie zur Wahlpropaganda in unserer Familie starteten: ein Großneffe meines Mannes und sein Freund. „Ihr werdet doch sicher alle mit Ja stimmen", sagte der Neffe. Ich hatte den Satz, daß ja niemand dem Zwang entfliehen könne, auf den Lippen, weiß aber nicht mehr, wie ich ihn umschrieb, wohl aber, daß der Neffe die wahre Bedeutung verstand, denn nun begann er höchst eindringlich von der absoluten Freiheit der Wahl zu sprechen. Er war ein Idealist, und ich bin heute noch überzeugt, daß er damals noch an diese Freiheit glaubte. Als er nach fünf Jahren zum letztenmal ins Feld zog, sagte er zu seiner Familie: „Schreibt, bitte, wenn ich nicht mehr zurückkomme, auf meinem Grab nicht, ich sei ‚für den Führer' gefallen!" — Doch Grab und Inschrift erübrigten sich, denn die Mutter wartete mit gebrochenem Herzen Jahr um Jahr vergeblich auf die Rückkehr ihres vermißten Sohnes.

Bald aber lebte man im Zustand einer Dauererregung. Hitlers immer offener zutage tretende Aggressionsabsichten umdüsterten die politische Lage, alle fürchteten sich vor einem neuen Krieg, der, als die Tschechoslowakei=Krise auf ihrem Höhepunkt angelangt war, unausbleiblich schien. Es muß an einem jener Tage gewesen sein, als uns auf seiner Durchreise von Wien nach Paris Graf d'Harcourt besuchte. Er war Kulturphilosoph, und wir hatten ihn vor Jahren durch Münchner Freunde kennengelernt. Nun wurde er als Franzose bei uns Zeuge wahrhaftiger Kriegsvorbereitungen. Denn während wir in unserem Wohnzimmer beisammen saßen, dröhnten von der Straße Marschtritte, wir traten ans Fenster und sahen den endlosen Zug von deutschen Truppen, Panzern und Geschützen, der seit dem frühen Morgen über die Brücke und durch die Imbergstraße zog. Bei diesem Anblick erschrak Graf d'Harcourt und bat etwas hastig, ich möge ihn entschuldigen, wenn er nun so überstürzt Abschied nehme, doch müsse er unter allen Umständen noch heute über die Grenze. „Denn das", fügte er hinzu, „das ist der Krieg! Ich kenne das, ich war ja Offizier."

Vorher, im Jahre 1938, hatten die Salzburger Festspiele noch in „Siegesstimmung" stattgefunden, natürlich ohne Max Reinhardt und ohne Toscanini. Albin Skoda vom Deutschen Theater in Berlin mietete sich mit seiner Frau in jenem Sommer bei uns ein. Er spielte den Ferdinand im Egmont, den man unter der Regie von Hilpert damals in der Felsenreitschule aufführte. Anfänglich waren wir gegenseitig sehr zurückhaltend und mieden jeden privaten Umgang. Gegenseitiges Mißtrauen war in jener

Zeit etwas Alltägliches, jeder fürchtete sich, ein unbedachtes Wort zu sagen, das der andere unbedacht weitergeben könnte. Doch duzten wir uns in kurzer Zeit, und unsere Begegnung mit Albin Skoda, der auch im Festspielsommer 1939 bei uns wohnte und den Claudio in „Viel Lärm um nichts" spielte, führte zu einer Jahrzehnte währenden Freundschaft. Der lebensfrohe Albin besaß viel Witz und Humor, man unterhielt sich oft köstlich mit ihm. — Den Höhepunkt seiner künstlerischen Laufbahn erlebte er in seiner Vaterstadt Wien, wo man ihn ans Burgtheater berief. Sein früher Tod schien allen unfaßbar — an seinem 52. Geburtstag wurde er in einem Ehrengrab der Stadt Wien neben Werner Krauß beigesetzt.

Am Realgymnasium der Ursulinen, an dem unsere Tochter Edith Latein lehrte, hatte am Morgen nach Hitlers Einmarsch bereits ein Direktorenwechsel stattgefunden. Bei einem revo= lutionären Umbruch kann im kulturellen Bereich die neue Fahne nicht rasch genug gehißt werden. Edith nahm es mit Ruhe ent= gegen, als ihr der neue Direktor sofort kündigte. Damit jedoch der Wechsel für die Schüler nicht zu abrupt sei, wünsche er besonders im Interesse der Maturanten, daß sie bis zum Ende des Schuljahres weiter unterrichte. In der Folge gab sie während des nächsten Schuljahres private Nachhilfestunden.

Die Hochzeit unserer Tochter Gertrud fand in der vierten Kriegswoche des September 1939 in unserer Franziskikapelle statt. Mein Mann hielt an der Tafel im Gasthof Steinlechner eine kurze, ergreifende Rede, die mit dem Wunsche endete, Gertrud möge so glücklich werden, wie er es in seiner langen Ehe mit mir gewesen sei.

Im Sommer des gleichen Jahres fuhr Edith für einige Wochen — wie sie ahnungslos dachte — nach Paris. Der Anlaß dieser Reise war ihre Freundschaft mit Dr. S., der sich in Paris aufhielt. Edith folgte ihm in das 1200 Meter hoch gelegene Barèges in den Pyrenäen, wo ihm Höhenluft verordnet war. Der Brief, in dem sie uns von dort ihre Verlobung mitteilte, gelangte nie in unsere Hände. Der Zug, mit dem sie unmittelbar vor Kriegs= ausbruch heimkehren wollte, endete an der Grenze, und damit ging am 1. September 1939 ein „eiserner Vorhang" zwischen uns nieder. Wir wußten ein ganzes Jahr weder von ihrer Ehe= schließung, noch ahnten wir das Ausmaß der Schrecknisse und

Gefahren, denen sie ausgesetzt war. Denn, als im Mai den deutschen Panzerarmeen ein Durchbruch durch die Ardennen gelang, mußte Ediths Mann sofort in ein Lager. Daß sich Edith auf der Suche nach ihm in die Kriegszone wagte, wurde zum gefährlichsten Abenteuer ihres Lebens. Die Menschlichkeit einer Wirtin und eines tapferen elsässischen Soldaten retteten ihr das Leben. So verbrachte sie eine Woche in einer dunklen Erdhöhle, einmal am Tag gelabt durch ein Essen, das ihr die gute Wirtin heimlich brachte und dies, obwohl jeder erschossen wurde, der Feindangehörige versteckte. Es würde den Rahmen sprengen, wollte ich dies alles in meine Salzburger Chronik einfügen.

Als ich einmal über den Residenzplatz ging, überkam mich ein unbestimmtes Gefühl, daß meine Tochter gerade jetzt eines besonderen Schutzes bedürfe. Es zog mich in die Michaelskirche. Dort stellen die drei Altarbilder drei Erzengel dar, denen man je eine Mission zuschreibt: dem Erzengel Gabriel am linken Altar die Verkündigung der Geburt Christi, dem Erzengel Michael den Kampf mit den bösen Geistern, deren Unterliegen in einem bewegten Bilde des Hochaltars dargestellt ist. Dem Erz=
engel Raphael den Schutz auf unserem Lebenswege, denn das Bild zeigt ihn als Führer des jungen Tobias, der mit seinem Hündchen eine Reise unternimmt und dessen Vater Tobias er sich erst nach der glücklichen Heimkehr als Bote Gottes zu erkennen gibt. Es gibt gläubige Christen, die im Buch Tobias nur eine Legende aus der babylonischen Gefangenschaft der Israeliten sehen — aber wen würde in Not und Gefahr diese ergreifende Geschichte nicht zu dem Gebet inspirieren, Gott möge seine Engel zur Rettung senden, jene Wesen höherer Seinsart, höherer Erkenntnis, Macht und Liebe, die Dante im 2. Gesang seines Purgatoriums den Vers eingaben:

> Sieh Gottes Engel! Falte deine Hände!
> Sieh, stolz verschmäht er, was der Mensch erfände!
> Kein Ruder braucht er; seine Schwingen tragen
> Als Segel ihn zum fernsten Gelände.

Und am Raphaelstag ist unsere Edith heimgekehrt.

Im Herbst 1938 ging Gilbert, um sein Musikstudium fort=
zusetzen, an die Hochschule für Musik nach Berlin. In der
berühmt frischen Luft war auch das Leben härter als in Wien.
Unwirsche Vermieter, ungastliche Räume, die von Bewerbern
überlaufen oder auf das Stichwort „Musiker" barsch verweigert
wurden. Gilbert schrieb, welche Bereicherung Berlin für ihn sei.
Er berichtete eingehend von geistigen Eindrücken, die die Groß=
stadt vermittelt, von wunderbaren Konzerten mit Furtwängler,
Edwin Fischer, Cortot, von Oper, Theater und interessanten
Menschen. Auch die Schönheit der märkischen Landschaft mit
ihren Kiefernwäldern und den stillen Seen begeisterte ihn. Dort
lebte auch der Komponist Reinhard Schwarz=Schilling, mit dessen
Familie ihn fortan Freundschaft verband.

Mein Mann betrachtete den Musikerberuf etwas skeptisch.
Ob man denn davon auch leben könne? Ich zeigte ihm die Nach=
richt, die mir Anna Bahr=Mildenburg nach Gilberts erstem Auf=
treten im Marmorpalais Potsdam gab: wie sehr man von diesem
Konzert, dem auch Wilhelm Kempff beiwohnte, angetan
gewesen sei. Von der geistigen Reife und von Gilberts Persön=
lichkeit. Sein Lehrer Winfried Wolf setze auf seine Zukunft.
Noch mehr als dies beruhigte den Vater ein paar Jahre später
die Mitteilung von Gilbert, daß er nach seinem ersten Hamburger
Konzert mit Eugen Jochum für die nächste Saison zu einem
Konzert mit den Berliner Philharmonikern engagiert sei. „Dann
werde ich", fügte Gilbert hinzu, „wenn Papa wieder fragt, ob
ich etwas verdiene, ihm sicher etwas Geld auf den Tisch zählen
können." In der Tat erweiterte sich Gilberts Wirkungsfeld, in=
dem er im Lauf der Zeit zu vielen Konzerten verpflichtet wurde.
Er spielte die großen Klavierkonzerte mit Orchester als Solist
unter Dirigenten wie Abendroth, Krips, Karajan, Böhm, Jochum,
Münch, Konwitschni, Kraus, Wand, Matacic, Keilberth und
anderen. Er konzertierte außer in Berlin und Hamburg in Wien,
Prag, Königsberg, Dresden, Bremen, Straßburg, Zürich usw.

Zu freundschaftlichem Studium fuhr er damals auch öfter
nach Überlingen, wo der Komponist Walter Braunfels, ein
Schwager Hildebrands, verbannt aus der Öffentlichkeit, am See
lebte. In seinem Hause lernte Gilbert noch Menschen wie den
Kulturphilosophen Leopold Ziegler und den Schriftsteller Fried=
rich Georg Jünger kennen. Der rasche Aufstieg Gilberts fiel mit

dem sinkenden Lebensabend seines Vaters zusammen. Die leb=
hafte Freude, die dieser über jeden Brief bezeigte, wich einer
zunehmenden Schwäche. Obwohl mein Mann nie über
Schmerzen oder Beschwerden klagte und alles so geduldig hin=
nahm, überkam mich damals ein unbewußtes Gefühl des nahen
Endes.

Der 5. November 1942 zeigte einen dämmerigen Herbsttag
an. Am Mittag hellte sich das Grau ein wenig auf. Mein Mann
sah in die Landschaft hinaus, auf den Untersberg, zum Nonnberg=
kloster hinüber — und als hätte er auf einmal seinen besonders
klaren Blick für die draußen ausgebreitete Schönheit der Natur,
sagte er zu mir: „Schau doch hinaus, wie schön das ist!" Zuvor
hatte er mich gefragt, ob ich nicht fände, daß wir mit unseren
Kindern soviel Glück gehabt hätten — wobei sein strahlendes
Gesicht die ihm eigene Fähigkeit ausdrückte, sich tief über etwas
zu freuen.

Um 5 Uhr nachmittag tranken Gilbert und ich an jenem
5. November, von Traurigkeit befallen, in der Bücherecke den
Tee mit ihm, ahnten aber dennoch nicht, daß es das letztemal war.

Gegen 7 Uhr klopfte jemand an die Tür. Plötzlich stand das
junge Mädchen da, das mich bei meinem ersten Besuch als einzige
unter den Hausbewohnern so freundlich begrüßt und mir einen
Strauß Herbstblumen überreicht hatte. Ob der Herr Doktor nicht
ihren kleinen Neffen, den sie vorübergehend bei sich habe und
der mit hohem Fieber erkrankt sei, besuchen würde? Sie hatte
offenbar keine Kenntnis vom Zustand des Leidenden, der jedoch
überraschenderweise gleich verstand, daß man etwas von ihm er=
warte und zu ihr sagte: „Ach, ein hohes Fieber hat bei einem
kleinen Kind oft nichts zu bedeuten — aber ich komme natürlich
gleich hinüber." Dabei richtete er sich in seinem Lehnstuhl müh=
sam ein wenig auf, fiel aber vor Schwäche wieder zurück. Er hatte
einst die kleinen Kinder unter seinen Patienten besonders geliebt,
und zärtlich hingen auch sie an ihm. Nun war es ein Kind, das
ihn holte, dieser Gedanke durchfuhr mich wie ein geheimes
Zeichen. Ich sagte zu dem Fräulein, das nun die Unmöglichkeit
einer ärztlichen Behandlung erfaßt hatte, daß ich ihr gleich
folgen würde. Ich lief ihr dann durch den Garten nach und gab
nach bestem Wissen ein paar Ratschläge, kehrte aber gleich
wieder zurück und sah besorgt die leidende und angstvolle Miene

meines Mannes, der von einer plötzlichen Unruhe erfaßt, auf einem anderen Stuhl sitzen wollte. Ich sagte: „Marianne bringt in ein paar Minuten das Essen, dann führen wir dich an deinen Platz." Von Angst und Mitleid überwältigt, schlang ich meinen Arm um ihn und sagte: „Zeig mir doch, lieber Franz, wo es dir weh tut?" Da griff er mit der Hand auf die Brust, sagte: „Ach, überall!" stieß einen erschütternden Schrei aus und ließ in der gleichen Sekunde seinen Kopf reglos auf meine Schulter sinken. Ich drückte stürmisch auf die Klingel, Marianne stürzte zur Türe herein und gleich darauf Gilbert, der sich vor dem Sterbenden niederwarf und seine Knie umklammerte.

So ging mein Mann an jenem 5. November nach einem von wahrhaft unsagbarer Liebe erfüllten Leben in die ewige Ruhe ein.

Für Gertrud und Edith war es ein großer Schmerz, daß sie in den letzten Stunden ihres geliebten Vaters nicht bei ihm sein konnten. Die herzensgute Gitta kam mit ihrem Mann, dem so oft hilfreichen Rudolf Peyrer=Heimstätt, desgleichen natürlich ihr Bruder Franz. Beide Ärzte hatten das nicht ferne Ende des Vaters schon seit einiger Zeit vorhergesehen. Wir betteten den Toten auf ein in der Bücherecke zurechtgemachtes Lager, Marianne holte aus dem Garten einen Strauß von noch blühenden Herbstastern. Allein geblieben, wachten Gilbert und ich betend noch bis zu später Nachtstunde am Totenbett. Mit diesem Ereignis hatte sich ein Tor in meinem bisherigen Leben geschlossen. — Es schlug 5 Uhr, als ich noch keinen Schlaf gefunden hatte. Da beschloß ich, eine Kirche zu besuchen. Der Dom würde sicher um 6 Uhr morgens schon geöffnet sein. Die Straße lag noch im Dunkel, als ich sie betrat. Ich holte mein Fahrrad und fuhr zum Domplatz. Müde ging ich durch den matterleuchteten Seitengang. Auf dem Kreuzaltar brannten die Lichter, und eben kam, von einem Ministranten begleitet, ein Geistlicher aus der Sakristei und schritt dem Altare zu. Es ist nicht Sitte, einen Priester im Ornat anzusprechen, ich tat es dennoch, ging auf ihn zu und sagte leise: „Ich bitte Sie um ein Memento für meinen Mann, er ist gestern abend gestorben." Der Priester nickte, schritt die Altarstufen hinan und las die Frühmesse. All diese Einzelheiten sind mir bis heute unvergeßlich geblieben. Was sich mir aber am tiefsten eingeprägt hat, ist die Unerbittlichkeit jenes Augenblicks, da in meiner und der Kinder Gegenwart der Leichnam meines Mannes in den Sarg gelegt und aus dem Hause getragen wurde.

Der Anblick des Lehnstuhls, in dem mein Mann starb, rief jedesmal Wehmut in mir wach. Vielleicht hätte ich ihn an einen anderen Platz stellen sollen. Aber ich wollte gar nicht, daß diese Wehmut von mir wich. Sie begleitete mich nun auch in allen Straßen Salzburgs, die mein Mann immer so eilig durchschritt, wenn er zu seinen Kranken ging. Es war mir, als hörte ich seine Schritte hallen. Ich kannte die Häuser, in die er oft gerufen wurde, seine originellen Aussprüche fielen mir ein oder humorvolle Erzählungen ... all seine liebevollen Worte.

Als ich nach einer kurzen Erholung in das gewohnte Leben zurückkehrte, schien mir das Haus wie ausgestorben und leer. Im Garten hatte der Sturm einen Apfelbaum, dessen Früchte mein Mann besonders liebte, entwurzelt, so daß er in seinem Lebensnerv getroffen, über eine Terrassenmauer hing. Dieser Anblick verstärkte die nun allem innewohnende Trauer.

Es waren kaum zwei Jahre vergangen, als ich dankbar eine höhere Fügung darin erblicken mußte, daß mein Mann die apokalyptischen Tage und Nächte des Jahres 1944 nicht mehr erlebte. Man hätte ihm bei Fliegeralarm den wiederholten Aufenthalt in Bombenkellern nicht mehr zumuten können. War ich doch auch bei dem ersten in Salzburg erfolgten Alarm am 8. April 1942 mit ihm im Hause geblieben. Nun hätte er am 22. November 1944 unter den Trümmern unseres Hauses wahrscheinlich ein grausames Ende gefunden. Denn an diesem Tag ging in dem später nahezu verschont gebliebenen Stadtteil auf die ein Dreieck bildenden Häuser Arenbergstraße 4, 19 und 21 ein Volltreffer nieder, der das Haus 21 bis auf die Grundmauern zerstörte, das unsrige zum großen Teil in eine Ruine verwandelte und das niedrige Haus Nr. 4 durch die herabstürzenden Trümmer der gegenüber liegenden Häuser ebenfalls fast zertrümmerte.

Wir waren alle lange — ich glaube, fast ein paar Jahre — daran gewöhnt gewesen, daß die Bomber, die zu ihren Angriffen nach Deutschland flogen, über unsere Köpfe hinwegbrausten, so daß die Sirenen fast niemand mehr in den Keller lockten. Dieses fast zur Tradition gewordene Vertrauen kostete, wie es die Reihen der mit 16. Oktober 1944 datierten Kreuze am Friedhof bezeugen, so vielen das Leben. An diesem Tag geschah nämlich das Unfaßbare: amerikanische Bomber verschonten auch Salzburg nicht mehr und verwandelten das „Kaiviertel" in wenigen Augenblicken in ein Ruinenfeld. — Ich weiß heute nicht mehr, warum mich gerade an jenem Tag die Sirenen bewogen, die Waschküche aufzusuchen, die uns — übrigens als höchst zweifelhafter — Schutzraum zugewiesen war. Ich weiß nur, daß mir plötzlich eine besondere Gefährlichkeit spürbar zu sein schien und ich im letzten Augenblick erregt Gertrud rief, die während des Alarms seelenruhig nähend im Garten saß. Sie war für kurze Zeit aus Wien zu uns gekommen. Wir befanden uns noch nicht lange im Raum, als in rapiden, dumpfen Stößen die Einschläge erfolgten, ein ungeheurer Luftdruck uns von einer Wand an die andere schleuderte und alles von einem Klirren begleitet war, als gingen sämtliche Fenster der Stadt in Scherben. Zitternd war mir besonders um Gertrud bange, die in wenigen Wochen ihr drittes Kind erwartete. Als wir nach der Entwarnung ins Freie eilten, um uns umzusehen, sahen wir Edith, die vom Hause Arenbergstraße 9 herübergekommen war, um sich auf unserer erhöhten Gartenterrasse einen Überblick zu verschaffen. Schon hörten wir sie entsetzt ausrufen: Die Domkuppel ist getroffen! Ein zu uns tretender Nachbar sagte: „Nun hat Salzburg den ersten Angriff gehabt!" Von ihm erfuhren wir dann auch später, daß am linken Salzachufer, besonders aber in der Kaigasse, mit ihren schönen, alten Häusern, so viel zerstört worden war. — Doch auch Mozarts Wohnhaus am Makartplatz und viele Häuser in Itzling wurden getroffen. Bei jenem Angriff waren 244 Todesopfer zu beklagen. Es bedeutete für alle einen ungeheuren Schock; von nun an jagten bei dem Sirenenzeichen „akute Luftgefahr" alle in ihre Keller oder in die sichersten Schutzräume, die im Mönchsberg und Kapuzinerberg ausgebauten Felsstollen.

Nach dem zweiten Angriff auf Steingasse, Linzer Gasse, Franz=Josef=Straße folgte am 17. November 1944 einer der schwersten Angriffe, bei dem die Andräkirche und der sogenannte neue Stadtteil getroffen wurde. 71 total zerstörte Häuser und 115 Tote sollen die Bilanz jenes Unglückstages gewesen sein. Auch der „Hexenturm" verschwand. Er war ein malerisches Bauwerk, in dessen Mauern Opfer des Irrwahns geschmachtet hatten, auf dessen Windfahne am Dach man immer deutlich eine Hexe erkennen konnte. Ein Volltreffer auf das im Hotel „Europe" untergebrachte Generalkommando tötete im Luftschutzkeller Dr. Otto Duffek, ein Salzburger „Original", mit dem unsere Familie eine freundschaftliche Beziehung verband. Verwandte und Freunde wurden an jenem Tag obdachlos, darunter mein Bruder Max, mein Neffe Gustav, Gitta mit Rudolf und Kindern, die im sogenannten Polizeistöckl des Schlosses Mirabell wohnten. Sie fanden vorübergehend bei ihrem Bruder Franz am Alten Markt Zuflucht.

Gertrud hatte inzwischen in Seekirchen am 8. November ihr drittes Kind — nach zwei Buben ein heißersehntes Mädchen — zur Welt gebracht. Da die Salzburger Frauenklinik beschädigt war und sich neben dem Bahndamm in gefährdeter Lage befand, hatte man sie nach Seekirchen verlegt. Wir hatten uns bei der dort stattgefundenen Taufe von Gertruds strahlendem Glück und dem bereits erkennbaren Liebreiz des Kindchens überzeugt. Wir wollten es mit Gertrud vor ihrer Rückkehr nach Wien noch ein paar Wochen bei uns beherbergen und setzten für ihr Kommen den 22. November fest. Obwohl Novembertage oft so drückend und traurig sind, war jener 22. ein freundlicher Tag mit etwas Sonnenschein. Ohne in das Biedermeierzimmer mit der bereitstehenden Wiege dringen zu können, weil es gegen Westen lag, verlieh er ihm doch etwas strahlend Lichtes. Möbel und Vorhänge waren hell, die Wiege weiß bezogen, alles sah einladend und freundlich aus. Als ich die Tür öffnete, um noch einmal alles prüfend zu besehen, ertönte auf einmal die Sirene. Wir rafften, geübt durch die drei vorhergehenden Angriffe auf Salzburg, die nötigen Habseligkeiten zusammen und eilten durch die Arenbergstraße der Steingasse zu, wo sich der nächste Stollen befand. Da blieb unsere Hausgehilfin Frieda (sie war eine Berlinerin) beim Haus Nr. 7 unserer Gasse stehen und sagte: „Ach, schauen wir doch noch 'mal zurück, wer weiß, ob unser Haus noch steht, wenn wir aus dem Stollen 'rauskommen!" Babette, die langjährige Haushälterin unserer Töchter, trug unseren Enkel Andreas auf dem Arm.

Saßen wir zwei oder drei Stunden schweigend in dem schlecht beleuchteten „Stollen"? Man durfte wegen des Sauerstoffverbrauchs nicht reden. Einige Frauen strickten. Die Kinder schliefen auf dem Schoß ihrer Mütter, doch einige waren schwer ruhig zu halten. Bei den Einschlägen schaute man sich erschreckt an. Einmal hörten wir fünf, sechs rapid hintereinander und so, als wären sie über unseren Köpfen erfolgt, jedenfalls ganz in der Nähe. Einer flüsterte „Kapuzinerberg", ein anderer „ja, Luftlinie Gnigler Verschiebebahnhof". Waren es also Fehlschläge auf die Wälder des Kapuzinerbergs? Doch wieder war es wie eine Kanonade und ein stummes Entsetzen in den Mienen der sich Anblickenden. Was mochte wieder in Trümmer gefallen und welche Häuser eingestürzt sein?! Ab und zu trat ein draußen patrouillierender Luftschutzmann in den Stollen. Es waren meist in der Nähe Wohnende dazu ausersehen. Ich kannte den, der jetzt hereinkam. Er ging auf eine Bewohnerin unseres Gartenstöckls zu, beugte sich über sie und redete leise, aber so eindringlich auf sie ein, als bringe er ihr eine aufsehenerregende Neuigkeit von draußen. Sie saß in einiger Entfernung von mir. Nun wendete sie langsam den Kopf zu mir und — ich las in ihren Augen das Mitleid mit uns.

Als die „Entwarnung" kam, drängte sich mein kleiner Enkel Johannes durch die Reihen dem Ausgang zu, dann aber gleich wieder zurück zu mir, weil er mir etwas Eiliges, was er gehört hatte, sagen wollte: „Großmama, unser Haus ist kaputt!" Diese Sensation überwältigte ihn und machte sein Gesichtchen fast vor Freude strahlen ...

Durch die mitleidigen Blicke im Stollen war ich schon vorbereitet, deshalb traf mich das Wort „kaputt" nicht so jäh, wie es vielleicht sonst der Fall gewesen wäre.

Auf dem Heimweg durch die Imbergstraße befiel mich in dem Schwarm der sich verlaufenden Stolleninsassen eine fast traumverlorene Gelassenheit. Ich sah den durch seine Körpergröße auffallenden Guardian der Franziskaner auf uns zukommen. Als er an mir vorüberkam, blieb er stehen, sagte ein paar teilnehmende Worte und etwas von zwei Dritteln. Ohne die Bedeutung zu erfassen und keines klaren Gedankens fähig, ging ich weiter, doch am Äußeren Stein angelangt, hieß es, die Arenbergstraße sei gesperrt. Von da an habe ich keine Erinnerung mehr, es ist nicht anzunehmen, daß man mich ganz allein gelassen hatte. Und dann steht deutlich vor mir, wie ich auf einmal mutterseelenallein in der Dämmerung in der Getreidegasse von einer fremden Frau angesprochen und gefragt wurde, ob ich Bombenflüchtling sei, sie wisse für mich ein freies Zimmer in Lehen. Da überkam mich auf einmal ein klares Bewußtsein von dem, was

geschehen war, und ich fühlte eine große Verzagtheit und Ver=
lassenheit.

Ich weiß nicht mehr, was ich der guten Frau geantwortet habe, denn nun entschwindet meine Erinnerung von neuem, bis sie sich in einem behaglichen, hell erleuchteten Raum wieder= findet, dem Wohnzimmer der Frau Annie Malata, der Besitzerin des Eckhauses Getreidegasse=Rathausplatz. Sie war die Mutter der bekannten Künstlerin Veronika Malata und wie diese uns allen freundschaftlich zugetan.

Mein erster Gedanke am Morgen war, möglichst rasch den Unglücksort in der Arenbergstraße aufzusuchen. Aber als hätte die Natur an dem großen Bangen teilnehmen wollen, hatte sich auch der Himmel verfinstert, es begann in Strömen zu gießen und zu stürmen, und das hörte drei Tage nicht auf. Es gestaltete das Unglück, das die Stadt getroffen hatte, noch trauriger und ver= heerender. Ich hatte solche Schauer selten erlebt und da ich mich erkältet hatte, war bei diesem Unwetter an einen Gang in die Arenbergstraße nicht zu denken.

Gilbert berichtete, daß er vom Schutthügel aus gesehen habe, wie unter den Trümmern manches liege, was sich noch bergen ließe. Das Treppenhaus und ein paar Räume in jedem Stockwerk seien erhalten, Frau Anka hause mit ihrer Katze noch schlecht und recht in der Ruine sowie die alte Dora mit ihrer Tochter Vicki in ihrem Kämmerchen. Doch außer diesen alteingesessenen Bewohnern sei niemand mehr im Hause. Da es keine versperr= bare Haustüre mehr gebe, liege vieles offen und sei in Gefahr, gestohlen zu werden.

Frau Anka sei von einer Gelbsucht befallen und sehe mit dem zitronengelben Gesicht und den schwarz gefärbten Haaren noch unglücklicher aus als gewöhnlich. Nachbarn hätten erzählt, wie gespenstisch es wirke, wenn sie am Abend durch die Ruine geistere und mit heiserer Stimme Urschi, Urschi rufe. Dies war der Name ihrer geliebten Katze.

Endlich legte sich der sintflutartige Regen, ich konnte das Zimmer verlassen und wanderte in nicht geringer Spannung und Erregung zu unserer Ruine hinaus. Traurig stieg ich die noch schlamm= und regennassen Marmorstufen hinauf, die zur zweiten Gartenterrasse und zum Stöckl führten. Dieses stand zum Glück noch, nur etwas beschädigt. Durch den Seiteneingang der berg=

seitigen Fassade betrat ich den noch erhaltenen hinteren Teil des Hauses und drang bis zu der Stelle vor, von der ich aus der Höhe des zweiten Stockes schaudernd einen Blick in die Tiefe tun konnte. In wirrem Durcheinander lagen zertrümmerte Möbel, Lampen und Bilder unten. Am sichtbarsten aber im nassen Schutt unsere Bibliothek. Ich hatte zwar nach dem ersten Angriff auf unsere Stadt einen kleinen Teil davon mit einigen wert= vollen Gegenständen in Kisten verpackt und in einem Keller verwahrt. Ein erregender Traum hatte mich ein paar Tage zuvor einerseits dazu gedrängt und andrerseits irregeführt: die Bomben seien nur im Garten, ungefähr zwanzig Meter vom Hause ent= fernt, gefallen. Dieser Traum kam auch einer gewissen Trägheit und der ästhetischen Begierde entgegen, weiterhin wohnlich zu leben und nicht weiß Gott wie lange zwischen kahlen Wänden und in von allem Schönen entblößten Räumen zu hausen. Des= halb ließ ich die meisten Bücher in den Regalen und schöne Bilder an den Wänden. Es wäre, da uns schon der erste Atem der Gefahr streifte, klüger gewesen, diese Wünsche zurückzudrängen. Aber man ist eben nicht immer klug, wenn es sich um Entsagung handelt. Angesichts dieser Zerstörungen kamen mir Gedanken über die Sinnlosigkeit alles Besitzens, das immer wieder von Vergänglichkeit bedroht ist. Hätte es nicht Notwendigeres gegeben als die vielen Bücher? Plötzlich wurde mir bewußt, daß angesichts der Millionen von tiefstem Leid getroffenen Menschen ich kein Recht hatte, mich der allgemeinen Not zu entziehen. Was ich verloren hatte, war doch im Vergleich zum Leid vieler von geringer Bedeutung. Wurden wir nicht täglich Zeugen von Kriegsgreueln, von Bombardierungen und Vernichtung ganzer Städte, hörten von im blühenden Alter gefallenen Söhnen, von denen jeder für die Mutter unersetzlich war? Da das große Drama in jenem Augenblick so deutlich vor mir stand, milderte es auf einmal die Trauer über den Verlust „nur" eines geliebten Hauses. Eine Stimmung von Ruhe und Friede überkam mich. Wir waren doch alle heil und gesund geblieben! Und so stieg ein Dankgebet aus meinem Herzen auf für das bisher bewahrte Leben in diesem Krieg, der ein Meer von Tränen fließen ließ.

Plötzlich fiel mein Blick auf ein großes Ölbild, das an einem zerbröckelnden Mauerstück hing. Es war eines der drei Barock= bilder, die früher in der Kapelle, später in unserem Wohnzimmer hingen. Franz Martin schrieb sie einem Schüler von Arsenio Mascagni zu, der das Hochaltarbild im Dom gemalt hatte. Dieses nur an der oberen Ecke zerstörte Bild stellte die Auferstehung Christi dar. Da es das einzige blieb, was von dem Inhalt des total zerstörten Wohnzimmers zu sehen war, blickte es wie ein Symbol über den Abgrund zu mir herüber. Ich liebte es, Dinge symbolhaft zu deuten, deshalb glaubte ich, inmitten des Untergangs in diesem nahezu unversehrten Auferstehungsbild etwas Prophetisches zu ahnen. Ich sprach auch zu meinen wegen des ausgestandenen Schreckens um mich besorgten Kindern davon, und nun tröstete sie meine unerwartete Ruhe und Zuversicht.

Gertrud hatte in Seekirchen von unserem Unglück erfahren und sich, als man sie wegen Zimmernot zum Heimfahren nötigen wollte, geweigert, mit dem Neugeborenen ins Ungewisse der gebombten Stadt zu kommen. Das war vernünftig, ihre Wiederkehr hätte nur meine eigene Bedrängnis vermehrt: Wie sollte ich Annie Malata, die uns mit solcher Wärme aufgenommen hatte, wieder entlasten? Da überraschte uns die liebevolle Nachricht einer alten Freundin: Sie biete uns ein freies Zimmer in ihrem Hause am Rudolfskai an. Mariele Schall (die Frau des Zementfabrikanten Eugen Schall) kannte mich von Jugend auf, es verband uns die Erinnerung an so viele gemeinsame Erlebnisse, an Bälle und Einladungen mit Freunden, an die miteinander spielenden Kinder — kurz, an jene längst vergangene Welt, in der alle noch an Frieden und Ruhe gewöhnt waren. Doch dreißig Jahre später hatte Salzburg, einst eine Stadt der Träume, eine andere Physiognomie angenommen, ihr friedliches Antlitz war nur allzu ferne. Als wir Ende November in das Haus Schall eingezogen waren, erfolgte bereits am 3. Dezember der fünfte Angriff auf die Stadt, und im gleichen Monat zählte man noch weitere fünf. Bis zum 1. Mai 1945 waren durch 16 Angriffe insgesamt 531 Todesopfer zu beklagen und über 14.000 Einwohner obdachlos geworden.

Der schützende Stollen, in den wir uns flüchteten, war nun der nahe Schanzlstollen im Mönchsberg. Er war nur wenige Minuten vom Hause Schall entfernt. Blitzartig brach man auf, sobald die gefürchteten Sirenen ertönten. Es war fast immer am Vormittag der Fall, wenn in Haus und Küche am meisten zu tun war. Diese nun immer häufigeren Alarme regten Mariele Schall so sehr auf, daß sie Ruhe und Besonnenheit zu verlieren drohte. Schweigend saßen wir dann stundenlang in der dunklen Höhle des Luftschutzstollens auf niedrigen Sitzen.

Von Gertrud kam Anfang Dezember die traurige Nachricht, daß ihr neugeborenes Kindchen schwer erkrankt sei. Die Mütter hatten nämlich mit ihren Neugeborenen, auf der bloßen Erde liegend, vor Fliegern Deckung suchen müssen. Doch am 12. Dezember morgens telefonierte sie uns voll Freude, der Arzt habe ihr wieder Hoffnung gemacht, und sie fügte ein aus tiefstem Herzen kommendes Deo gratias hinzu. Am folgenden Tag wird sie zum Arzt gerufen. Sie sitzt, lange auf ihn wartend, aber voll Freude hoffend, in seinem Ordinationszimmer. Plötzlich treffen ihre Augen zufällig den Schreibtisch und ihr entsetzter Blick — fällt auf den Totenschein ihres eigenen Kindes. — Kaum 5 Wochen alt, war das heißersehnte Töchterchen ein Opfer des großen Säuglingssterbens geworden, das in jenen Jahren so viele Mütter heimsuchte.

Es war ein trauriger, eintöniger Wintertag, als mein Schwiegersohn mir von dem Schmerz erzählte, der Gertrud so tief verwundet hatte. Ein kalter Wind blies, und wir standen beide bei einer Pferdefuhre, die Übersiedlungsgut nach Sighart=stein bringen sollte. Denn im Nebengebäude des Schlosses Sighart=stein war in den leeren Kutscherzimmern auch ein Quartier ge=funden, in das Gertrud mit ihren Kindern eingewiesen wurde. Graf Überacker, der Besitzer des Schlosses, sagte zwar, daß in diesen Zimmern wegen der Kälte niemand wohnen könne, aber mein Schwiegersohn hielt die Kriegslage bereits für so bedrohlich, daß er die Sicherheit auf dem Lande vorzog und keinen andern Rat wußte. Er selbst hatte Lazarette mit Verbandstoff zu ver=sorgen und mußte nach Wien zurück.

Im herannahenden Frühling zeichnete sich das grauenvolle Ende des Dritten Reiches klar ab. Eine Rückkehr der Familie meiner Tochter Gertrud nach Wien war unmöglich geworden. Sie saß in Sighartstein fest, denn die russische Offensive entwickelte sich in einem Sturm ohnegleichen zu einer immer größeren Kata=strophe. Die feindlichen Heere näherten sich Wien und Berlin. Aber auch von der Front weit entfernte Gegenden, scheinbar ungefährdete Dörfer, blieben von der Geißel jenes Krieges nicht verschont: Tiefflieger tauchten plötzlich auf, es war auch gefähr=

lich, auf der Landstraße zu gehen oder auf einem Bahnhof den Zug zu besteigen. So erlebte Gilbert beim Besteigen des Zuges in Neumarkt den Angriff eines Tieffliegers, bei dem der Lokomotiv= führer den Tod fand und die Reisenden sich unter die Bänke geworfen hatten. Es war eine grauenvolle Zeit, in der auf alle Menschen Hoffnungslosigkeit sank. Der Krieg wurde er= barmungslos weitergeführt, obwohl alle wußten, daß er bereits verloren war und es keiner Prophetengabe mehr bedurfte, um ein schreckliches Ende vorauszusehen. Ich selbst hatte oft das Gefühl, in einem Zug zu sitzen, der in rasendem Tempo auf einen Abgrund zufährt und in dem der Lokomotivführer wahn= sinnig geworden war.

Und doch gab es bis zuletzt Verblendete, die das Kommende nicht sehen wollten. So besuchte uns noch ein unglücklicher Neffe, der am Schwarzen Meer stationiert und ein überzeugter An= hänger Hitlers war. Wir stiegen mit ihm auf die oberste Terrasse unseres noch begehbaren Gartens. Er erzählte mir von seinem „schönen Leben" am Schwarzen Meer, wo er sich später ganz niederlassen würde. Auch einen prachtvollen Wachhund besitze er. Plötzlich erzählte er — ich weiß nicht mehr, in welchem Zu= sammenhang — ohne jedoch den freundlichen Ton seiner Mit= teilungen zu ändern — daß er selbst gesehen habe, wie 6000 Juden in eine Schlucht getrieben wurden, um dort getötet zu werden. Ich traute meinen Ohren nicht und war so fassungs= los, daß mir im Augenblick die Stimme versagte. Dann erwiderte ich entsetzt: „Aber verstehst du denn nicht, wie grauenvoll das ist?" Er gab eine naive Antwort, aus der eine so hoffnungslos verirrte Weltansicht sprach, daß ich es vorzog, zu schweigen und eine baldige Verabschiedung herbeizuführen. Noch tagelang beschäftigte mich dieses Erlebnis. Ich erinnere mich auch, daß mir unwillkürlich die weit zurückliegende Lektüre eines Buches über römische Geschichte einfiel, in dem von der Diktatur und der rücksichtslosen Grausamkeit Sullas die Rede war, der 6000 Menschen auf einmal hinrichten ließ. Welches Glück, daß wir im 20. Jahrhundert leben, in dem so etwas nicht mehr mög= lich ist, folgerte ich damals. Doch, was auf ewig überwunden schien, kehrte nun in millionenfachem Schrecken auf die Mensch= heit zurück. Dazu verlieh die moderne Technik allen diesen Ver= brechen und Kriegsgreueln eine unbegrenzte Ausdehnung.

Ob der Neffe sich rechtzeitig bewußt wurde, wohin der Weg des „schönen Lebens" am Schwarzen Meer führte, ehe er dort nicht lange hernach auf grauenhafte Weise umkam? — Kurz darauf fiel auch der letzte seiner Brüder.

Am 3. Mai 1945 hieß es, die amerikanischen Panzerspitzen seien bereits gegen Salzburg vorgestoßen. Man bereitete die kampf= lose Übergabe der Stadt vor, besetzte den Sender und forderte die Bevölkerung auf, die Straßen zu räumen und, um Plünde= rungen vorzubeugen, die Keller und Schutzräume aufzusuchen. Alle Welt kennt die beispiellose Dramatik jener buchstäblich letzten Minuten, in der unsere Stadt vor der totalen Zerstörung gerettet wurde. Oberst Lepperdinger widersetzte sich mit seinen Offizieren dem Wahnsinnsbefehl des Generals von Bork, der, die militärisch hoffnungslose Lage mißachtend, noch um 22.40 Uhr aus St. Gilgen telefonierte, Salzburg müsse bis aufs letzte ver= teidigt werden. Als wir den Stollen aufsuchten, hörten wir bereits Artilleriefeuer. Wie jene Nacht verfloß, wird mir für immer eingeprägt bleiben: Das Furchterregende der SS=Soldaten, die mit aufgepflanztem Gewehr im Stollen vor uns saßen, die ungeheuer spannungsgeladene Atmosphäre der endlosen Nacht= stunden, jene Frau, die die Zerreißprobe nicht mehr ertrug und weinend die Nerven zu verlieren drohte. Das Quälende, nicht erfahren zu können, was draußen vorging. Oder war es nicht immerhin wohltätig, nicht zu wissen, daß 200 viermotorige Bomber zum Angriff auf unsere Stadt bereitstanden?

Gegen Morgen sickerte etwas von Parlamentären durch, die an die Saalachbrücke bei Freilassing den Amerikanern entgegen= gefahren seien. Aber wie sollte man die todernsten Gesichter von einigen Herren deuten, die vor dem Stollen gedankenschwer auf und ab gingen? Es mag wohl das nervenaufreibende Warten auf die Rückkehr der Parlamentäre gewesen sein.

Ich weiß nicht mehr, ob es 6 oder 7 Uhr morgens war, als wir endlich müde und mit steifen Gliedern ans Licht des Tages traten. Welcher Anblick auf dem Heimweg, als wir die weißen Tücher sahen, die aus allen Fenstern hingen — ich war zunächst keines anderen Gedankens fähig als des einen: Nun ist der Krieg zu Ende!

Bei der Stadtbrücke gab es eine kleine Ansammlung von Menschen, die mit einem Aufatmen der Befreiung aus ihren

Kellern gekommen waren. In ihren Jeeps fuhren die ersten Amerikaner auf. Man verweilte etwas bei dem ungewohnten Anblick. Einige gingen nahe an die Jeeps heran und fingen ein Gespräch mit den Soldaten an. Dann wechselte die Szene: In einem Jeep stehend durchraste ein Bewaffneter die Stadt und ver= kündete drohend, daß jeder erschossen werde, der sich in den Straßen aufhalte. Für dringende Einkäufe wurde hierauf eine täglich genau einzuhaltende Frist festgesetzt. Den Soldaten wurde streng untersagt, mit den Einheimischen auch nur zu sprechen. Gab es da wahrhaftig noch einzelne Narren, die die Übergabe der Stadt nicht wahrhaben wollten? Jedenfalls erinnere ich mich, daß man in der Umgebung noch einen Tag hindurch schießen hörte. Konnte denn noch jemand an dem Ende des Dritten Reiches zweifeln, das nun so zusammengebrochen war? Viele hatten zwar nach Stalingrad und nach der Landung der Alliierten an der Kanalküste die baldige Niederlage vorausge= sehen, aber nun war sie wie ein Blitz gekommen, wie ein Erd= beben, dessen Plötzlichkeit selbst die Sieger überraschte.

In dem End= und Anfangschaos jener Maitage des Jahres 1945 wußte man nur zum Teil, was sich im übrigen Österreich begab, erfuhr dies und jenes vom Hörensagen, so etwa mit Schaudern aus Wien und Niederösterreich die Tragödien von weiblichen Opfern der Besatzungssoldaten. Besetzung nach einem verlorenen Krieg bedeutet immer auch eine gewisse Versklavung, deshalb sahen wir in banger Ungewißheit unserem Schicksal ent= gegen. Der Hölle des Krieges waren wir entstiegen, der ameri= kanischen Zone zugeteilt zu sein, konnte man mit einem Blick nach Ostösterreich auch als Glücksfall bezeichnen. Aber wie würde die von den alliierten Sendern versprochene „Befreiung" aus= sehen und der österreichische Anteil an dem erbarmungslosen Strafgericht, das den Deutschen angekündigt wurde? Man bekam sehr bald zu spüren, daß es vorläufig noch eine Befreiung ohne Freiheit war. Doch ich überlasse die Antwort auf diese Fragen der Lektüre von hervorragenden historischen Werken, die die unvermeidliche Not der ersten Nachkriegsjahre schildern, die tristen Lebensverhältnisse, das Hin und Her, das Durcheinander und Gegeneinander, die häufige Willkür der nun herrschenden Besatzungsmächte, von denen alles Recht und alle Gnade aus= zugehen schien. Doch auch ihrer Hilfsaktionen ist zu gedenken,

der Care=Pakete, des großartigen „Marshallplanes", und der end=
lichen Erlösung am 15. Mai 1955, als Julius Raab und Leopold
Figl vom Balkon des Wiener Belvedere einer zehntausendköpfigen
Menge im Park das geöffnete Buch des unterzeichneten Staatsver=
trages entgegenhielten.

Doch ich will zu den kleinen Eigenerlebnissen der Maitage im
Jahre 1945 zurückkehren. Wieder war für mich und Gilbert eine
neue Epoche angebrochen, denn Edith, die im Jänner 1945 ihren
ältesten Sohn geboren hatte, wollte mit dem Kind noch auf dem
Land bleiben und bot uns ihre kleine Stadtwohnung an. So ver=
ließen wir also gleich nach Kriegsende, nach einem nahezu halb=
jährigen Aufenthalt bei den Freunden Schall deren gastliches
Haus und zogen in die Arenbergstraße 9. In einer der ersten
Nächte dort schrak ich, kaum in Schlaf gesunken, durch
Schießen und Rattern auf und vermutete einen neuen Kriegs=
ausbruch: Es waren jedoch die Raketen und das Feuerwerk der
amerikanischen Sieger.

Die nun die Straßen bevölkernden Amerikaner zeigten im
Gegensatz zum deutschen Militär eine gelöstere Haltung. Auch
einen fröhlichen Eindruck machten die meisten von ihnen, denn
nun war ja das Kriegführen auch für sie zu Ende und ihre jetzige
Garnison eine der schönsten Städte Europas. Beim Schloß Aren=
berg saßen sie am Straßenrand auf dem Boden und verzehrten —
ich sah es einmal im Vorübergehen — Roastbeaf mit Erbsen. Als
Elite= und Fronttruppe hatten sie vermutlich eine besondere Ver=
pflegung. Kinder der Anrainer standen in der Nähe der Küche
und hofften, daß etwas Gutes für sie abfallen würde. Auch der
Norditaliener Paolo muß sich mit dem amerikanischen Koch gut
verstanden haben, denn er brachte mir eines Tages gelbes Pulver,
das, wie er sagte, der Koch in rauhen Mengen verbrauche. Wir
wußten anfangs beide nicht, daß es Eipulver war. Paolo war ein
„Fremdarbeiter" in einer hiesigen Holzfirma, der mir während
des Krieges bei dem gänzlichen Mangel an männlichen Hilfs=
kräften an seinen Sonntagen in Haus und Garten oft unschätz=
bare Dienste tat. Er hatte ungeheure Kräfte, verstand aber auch
manchmal zu kochen und besonders gut „pasta asciutta" zu
bereiten. Als er von unserem Bombenunglück hörte, kam er als
treuer Schildknappe sofort zu mir und bezeigte mit echt

italienischer Herzlichkeit und Trauer seine mitfühlende Bestürzung. Als unmittelbar vor Kriegsende in Eile Magazine geräumt und die Arbeiter mit zurückgehaltenen Waren beteilt wurden, brachte er mir mit triumphierender Freude ein Paar hohe Damenstiefel aus Gummi — „per la pioggia" — sagte er — für den Regen — nur waren es leider zwei linke! Im Hause Nr. 7, also in unserer Nachbarschaft, waren deutsche Mädchen eingezogen, die irgendwo und irgendwann zum amerikanischen Heer gestoßen sein mochten und nun offenkundig zu den weiblichen Begleitpersonen der Armee gehörten. Sie waren immer reich mit Lebensmitteln versehen, weshalb wir erfolgreich mit ihnen Tauschgeschäfte anzubahnen versuchten. In welch unwirkliche Welt sah man sich damals versetzt. Es wimmelte noch von Fremdarbeitern, die überall Räder stahlen, um möglichst bald an die Grenze zu gelangen. Gilbert nahm einen jungen Mann auf, den er auf der Straße, nach Unterkunft suchend, kennengelernt hatte. Als Sohn eines bekannten deutschen Sozialisten hatte ihn die Gestapo ins KZ gesteckt, aus dem er vor kurzem zurückgekommen war. Nun wohnte er in einem erhalten gebliebenen Zimmer unserer Ruine und kam zu den Mahlzeiten zu uns herüber. Ich habe ihn merkwürdig nüchtern und nicht verbittert in Erinnerung, obwohl er in seinen jungen Jahren so viel Furchtbares erlebt und gesehen hatte. Manche Salzburger bekamen die Bedrückung durch die Besatzungsmächte schmerzlich zu fühlen. Nach der in den Kämpfen lange geübten Gewalttätigkeit und in einer gewissen Anmaßung von Souveränität fühlten sich einzelne Besatzungssoldaten zu sinnlosen Zerstörungsaktionen getrieben. Sie zerschnitten öfters in den von ihnen belegten Wohnungen Teppiche oder auch Vorhänge für die Kleider ihrer weiblichen Begleiterinnen, zertrümmerten, vielleicht auch aus purer Lust am Zerstören, in den Dachböden eingelagerte Möbel, zerrissen den Inhalt von Koffern oder zerstampften in einem mir bekannten Fall eine wertvolle Sammlung von Hinterglasbildern zu einem Scherbenhaufen. Das strenge Verbot des Verkehrs mit Einheimischen wurde nach ungefähr 14 Tagen gelockert. Auch durften sich diese bis 10 Uhr abends wieder auf den Straßen bewegen. Gilbert kam oft erst gegen 11 Uhr nach Hause. „Die Amerikaner nehmen es jetzt nicht mehr so genau", sagte er, „es sind immer noch sehr viele Salzburger auf der Straße." Ich warnte und bat ihn, sich trotzdem an diese Verordnung zu halten.

Als ich aber eines Morgens Gilbert wecken sollte, fand ich sein Bett leer. Also doch verhaftet, war mein erster Gedanke und mein zweiter: Was tun, wie kann ich Näheres erfahren? Ich ging, wie gewöhnlich, um 8 Uhr aus dem Haus und gedankenvoll über die Nonntaler Brücke. Bei dem Polizeigebäude war mir, als hätte ich rufen und pfeifen gehört, deshalb hob ich den Blick und sah Gilbert hinter dem Fenster des Polizeigefängnisses! Wenn ich mich recht erinnere, gelang es ihm sogar, einen Kassiber herauszuschmuggeln, aus dem ich erfuhr, daß er mit einigen anderen, die an jenem Abend der allgemeinen Razzia zum Opfer gefallen waren, auf die Festung gebracht werden sollte. Die für alle verhängte Strafe war 1 Monat Haft — gemessen an dem „Vergehen" wohl unsinnig. Gilbert hatte das Glück, dem Büro des Festungsverwalters als Assistent zugeteilt zu werden. Täglich fuhr ich nun mit der Seilbahn auf die Festung, brachte Gilbert Milch und andere Zubußen und wir saßen in seiner Mittagspause auf dem Brunnenrand unter der berühmten Linde in dem mittelalterlichen Burghof.

Eine unwirkliche Welt auch dieses Erlebnis, denn da eine Woche später für die Amerikaner am Wallersee ein Freiluftkonzert von Gilbert angesetzt war, auf das man nicht verzichten wollte, holte man ihn kurzerhand für die paar Stunden aus der Haft und brachte ihn mit verblüffender Pünktlichkeit noch in derselben Nacht auf die Festung zurück.

Da Edith ihre bis dahin von uns bewohnte kleine Stadtwohnung in der Arenbergstraße 9 ganz aufgab, mußten wir ein viertes Quartier suchen. Wir fanden es im Schloß Arenberg. Es war einer der vornehmen Schloßräume, den man uns anbot, aber eben nur ein einziger Raum. Doch durften wir die Küche benützen und ab und zu den gegen den zauberhaften Park gelegenen Balkon.

Doch auch dieses vierte „Exil" war von kurzer Dauer. Da alle nur seit einer gewissen Zeit ansässigen deutschen Staatsbürger, und vor allem die deutschen Offiziere, die Stadt verlassen mußten, bewarben wir uns um eine freigewordene Offizierswohnung. Sie befand sich im Hause Rudolfskai 54, also fast in unmittelbarer Nähe des Hauses Schall. Unter mehreren Bewerbern wurde sie mir und Gilbert zugesprochen, der nun sozu=

sagen Strafe — sie wurde dann abgekürzt — und Gnade aus einer Hand empfing, denn die letzte Entscheidung traf der amerikanische General. Zudem holte man ihn nach Schloß Kleßheim, um vor Clark und Eisenhower zu spielen.

So glücklich ich war, mit dem erhalten gebliebenen Mobiliar endlich in eine geräumige schöne Wohnung übersiedeln zu können, so ist mir in dieser fünften und letzten „Verbannung" auch Niedergeschlagenheit in Erinnerung. Die meisten Fenster hatten kein Glas, das noch nirgends aufzutreiben war, die Zimmer waren bis auf eines mit heilem Fenster so elend beleuchtet, daß man bei dem einen Glühbirnchen hoch oben an der Decke weder lesen noch schreiben oder nähen konnte. Der neblige November trug zur Traurigkeit, die mich an jenen Abenden oft niederdrückte, bei. Dazu fror und hungerte man oft, denn es bedurfte noch erfinderischer Mühe, um Heizmaterial und ausreichende Nahrung zu beschaffen. Sie fiel uns nicht in den Schoß wie den beiden deutschen CIC=Beamten, denen wir zwei Zimmer unserer Wohnung abtreten mußten. Ihre Aufgabe war es, ehemalige Parteigenossen zu verhören, die, nach den reichlich heimgebrachten Fleischmengen zu urteilen, offenbar der Lebensmittelbranche angehörten.

Wenn ich jetzt am Haus Rudolfskai 54, dem „Türkenkonsulat" vorübergehe, steigen oft tausendfältige Erinnerungen an Jahre, die wir dort verbrachten, in mir auf. So fällt mir der überraschende Besuch des von mir bewunderten Dichters Bergengruen ein, der in unserem großen Wohnzimmer einen interessanten Kreis mit der Lesung seiner Gedichte erfreute.

Gilbert brachte vor allem Musiker ins Haus, wozu die Festspiele immer Gelegenheit boten. Schon in seiner Wiener Studienzeit war er tief beeindruckt von den damals noch von Bruno Walter dirigierten Aufführungen des „Palestrina". Er hielt die Musik Pfitzners, die er dann selbst oft interpretierte, seit jeher für genial. Als der in sich gekehrte, bisweilen „schrullige" Meister uns in seiner letzten Salzburger Zeit besuchte, war er allerdings schon sehr gebrechlich, geistig jedoch noch immer sprühend. Auch seine Kenntnis der großen Dichter, vor allem Shakespeares, den er auswendig beherrschte, war bewundernswert. Ein symphonisches Festkonzert zu Pfitzners 80. Geburtstag, bei dem Gilbert sein Klavierkonzert spielte, wurde zugleich der bewegende Abschied von dem verehrten Meister. Als besonders naher Freund von uns und Bruno Walter kam der Komponist Walter Braunfels oft in unser Haus. Seine Werke durften in der nationalsozialistischen Zeit nicht aufgeführt werden. Es klingt wie ein Hohn, daß er gleichzeitig um seine an die Front eingerückten Söhne bangen und den jüngsten im Kriege verlieren mußte. Auf Schloß Laseregg in Niederalm komponierte er seine letzte Oper „Die heilige Johanna". Da er außerdem ein wundervoller Pianist war, beschenkte er nun auch in unserem Hause einigemal ergriffene Zuhörer mit seiner Kunst, besonders mit Bach und mit den letzten Sonaten von Beethoven. In anderer Weise traf nun Furtwängler das schändliche Auf=trittsverbot von seiten des „amerikanischen Musikoffiziers". Furtwängler hatte doch, gestützt auf seinen Ruf, in der Hitler=Zeit vielen gefährdeten Musikern geholfen! Es ist ja bekannt, daß Berlin sich immerhin bemühte, wenigstens einige Künstler vor dem Krieg zu bewahren. Dies dürfte auch für Gilbert, von dessen Begabung Furtwängler so sehr überzeugt war, einmal lebens=rettend gewesen sein. Eine Einberufung Gilberts zum letzten Volkssturmaufgebot kam infolge einer schweren Gelbsucht ohne=hin nicht mehr in Frage. Furtwängler besuchte uns jetzt in den Festspieljahren mehrmals, und seine flammende Empörung gegen alles Unrecht wie seine Begeisterung für das Höchste in der Kunst charakterisierten seine überragende Persönlichkeit.

Das auch Herbert von Karajan treffende zweijährige Auf=trittsverbot der Amerikaner schien diesen weniger aufzuregen. Er kam einmal mit Eugen Jochum zu uns zum Tee und erzählte damals unter anderem, ein amerikanischer Fachmann habe sogar berechnet, welchen Gewinn an Propaganda diese Verbote für die davon betroffenen Künstler bedeute. Von diesen Schwierig=keiten unberührt war Edwin Fischer, der Gilbert zu seinen Kursen und zu den von ihm vom Flügel aus geleiteten Konzerten einlud. — Zu unseren Gästen gehörte, wie Edwin Fischer, auch einmal Ernest Ansermet, der Chef des Orchesters de la Suisse Romande. Er hörte von Gilbert die letzte Sonate von Beethoven und regte ihn an, sich an der internationalen Konkurrenz des Musikwettbewerbs in Genf zu beteiligen, wo er dann auch Preis=träger wurde.

Die Reihe der Musikerbegegnungen wäre nicht vollständig

ohne den damals noch jungen Komponisten F. A. Wolpert, der auch durch sein fast ebenso bedeutendes dichterisches Talent sofort auffiel. Mit Gilbert, seinem Interpreten, ist er fortan in ständigem Kontakt geblieben. Als einer, dem das Glück nicht in den Schoß fiel, hat Wolpert durch allen Wandel der Zeit seine Persönlichkeit umso stärker behauptet. Soeben, 1975 — vor Abschluß dieses Erinnerungsbuches — konnte ich, wenigstens am Radio, noch erleben, wie ein Beifallssturm in Wien nach der Uraufführung von Wolperts Oper „Der eingebildete Kranke" einige Zwischenrufer siegreich übertönte.

Als wir noch am Rudolfskai wohnten, war ich einmal an meinem Geburtstag, da Gilbert verreist war, mit dem Mädchen Tini ganz allein. Ich ging am frühen Morgen in die nur ein paar Minuten entfernte Kajetanerkirche zur Messe und betrat, als ich die Kirche verließ, noch die leere Seitenkapelle, in der sich die sogenannte „Heilige Stiege" befindet. Da sah ich einen in Lumpen gekleideten Bettler, der, langsam umhergehend, die Malereien und alles höchst aufmerksam betrachtete, ja sogar die einzelnen Skulpturen betastete und ab und zu mit sich selbst redete. Ich schaute ihm lange zu, gab ihm dann ein Almosen und fragte ihn, wo er wohne. „Nirgends", sagte er, „i schlaf im Stroh." Diese Antwort erschütterte mich so, daß ich spontan erwiderte: „Kommen Sie mit mir, ich lade Sie ein, mit mir zu frühstücken, ich wohne ganz nahe." Als ich mit ihm vor Tini erschien, und ihr sagte, sie möge, falls sie schon gefrühstückt habe, auch für ihn bei mir am Tisch decken, machte sie ein entsetztes Gesicht und bedeutete mir, in die Küche zu kommen. Ob denn das mein Ernst sei, fragte sie mich, und ob mir denn nicht ekle, mit diesem Mann zu essen. Sie kenne ihn übrigens schon lange vom Sehen und halte ihn für einen Schwindler. „Aber denken Sie doch, er hat nicht einmal ein Bett und schläft im Stroh!" sagte ich und bestand auf meinem Vorhaben. Sie schüttelte den Kopf und hielt mich offenbar für etwas überspannt, brachte aber das anläßlich meines Geburtstages mit besonderer Aufmerksamkeit zubereitete Frühstück und stellte es auf den Tisch. Der unbekannte Gast mit dem schmutzigen Hemd und dem noch schmutzigeren Rock saß mir gegenüber und bot — darin mußte ich Tini recht geben — keinen ergötzlichen Anblick. Die wunderliche Schildkappe hatte er auf einen Sessel gelegt. Jetzt konnte ich sein gelbliches, mit Bartstoppeln bedecktes Gesicht mit den trüben, etwas verschlagenen Augen besser beobachten. Ich fragte ihn nach seinem Beruf. Er habe keinen, er arbeite da und dort fallweise, begann er eifrig zu erzählen, „und stelln S' Ihna vor, amol hab i bei einer Frau im Garten gearbeitet" (er nannte auch ihren Namen) „vielleicht kennen Sie s' sogar — sie verspricht mir a Mittagessen, es wird zwölfe, es wird ans, es wird halbe zwa, i kriag an Hunger und weil mi ka Mensch zum Essen holt, geh i ins Haus eini und — stelln S' Ihna vor — da liegt die Frau ermordet aufm Boden in der Kuchl!" Als er in dieser dramatischen Schilderung fortfuhr, befürchtete ich auf einmal, einen Psychopathen vor mir zu haben. Eben fiel mein Blick auch zufällig auf das auf dem Tisch liegende Buch „Mord in der Kathedrale" von Eliot, mit dessen Lektüre ich tags zuvor begonnen hatte — und nun ging mir ein Schauer über den Rücken. Der sonderbare Gast wurde mir plötz= lich unheimlich. Ich schaute auf meine Uhr, gab vor, es eilig zu haben und sagte, um den Mann zu verabschieden, ich müsse nun dringend fort.

Ein anderesmal kam ein junger Bursche bettelnd an unsere Tür. Ich war allein zu Hause, da er mich aber so offen und treu= herzig anschaute und mir sagte, er käme eben zu Fuß von Inns= bruck, hatte ich Mitleid und forderte ihn auf, einzutreten. Da faßte offenbar auch er Vertrauen zu mir und bat mich schüchtern, ob er sich auch bei uns waschen dürfe. Ich führte ihn zur Wasser= leitung, gab ihm aber vorher noch ein Schuhputzzeug in die Hand und während er sich draußen auf der Treppe seine mit weißem Staub bedeckten Schuhe putzte, machte ich belegte Brote zurecht, trug einen Lehnstuhl in das geräumige Vorzimmer und forderte ihn auf, sich nach dem langen Marsch hier auszuruhen. Als ich nach einiger Zeit Nachschau hielt, war er in tiefen Schlaf gesunken. Beim Weggehen dankte er mir überschwenglich und sagte, das Waschen und Schuheputzen habe ihm besonders wohl= getan. Wenn ich heute an diese und ähnliche Episoden denke, die kaum ein Vierteljahrhundert zurückliegen, so ist es mir, als klaffe ein Abgrund zwischen damals und heute. Denn in der jetzigen Zeit der Unsicherheit und wachsenden Kriminalität würde ein fremder Bettler oder ein unbekannter starker Bursche an der Wohnungstür sofort abgewiesen werden müssen.

Während des Krieges und während der Besatzung gab es

infolge der stets drohenden Todesstrafe keine solche Unsicherheit im Innern, man las kaum jemals von Mord, Raub, Entführungen und dergleichen. Dennoch hätte ich auch damals nicht so unbedacht gewesen sein dürfen, wie ich es einmal in einem der Kriegsjahre gewesen bin und wie ich es nun erzählen will.

Ich befand mich auf der Fahrt nach Wien, um unsere Tochter Gertrud und deren Familie zu besuchen. In St. Pölten, der Station gesteigerter Vorfreude auf das nahe Wiedersehen, blieb der Zug aus unbekannten Gründen lange stehen. Ich öffnete die Türe meines Abteils, um von den übrigen Reisenden Näheres zu erfahren. Doch sie drängten sich in den Gängen alle erregt an die Fenster, und als ich ihren Blicken zu folgen suchte, sah ich in der Ferne Rauchwolken und da und dort aufflammenden Feuerschein. „Ein Bombenangriff", tönte es durcheinander, „unser Zug kann nicht ausfahren." Ein Schrecken war allen in die Glieder gefahren. Ich ging in das fast leere Abteil zurück, setzte mich in eine Ecke und schloß die Augen. Die gefürchtete Verspätung war nun belanglos geworden, jeder hatte an seiner Angst zu würgen.

Ich habe vergessen, wie lange unser Zug noch stand und wie lange Mitternacht vorüber war, als wir auf dem verdunkelten Westbahnhof mit unseren Koffern zum Ausgang tappten. Es gab zu so später Stunde keine Trambahn mehr und offenbar auch keine andere Fahrgelegenheit. Ich stand mit meinem Koffer ziemlich ratlos in unbeschreiblichem Gedränge in einem abgedunkelten Wartesaal ohne freie Sitzgelegenheiten. Die Aussicht, so die Nacht zu verbringen, war nicht ermutigend. Ich fragte einen neben mir stehenden Mann mittleren Alters, wann die erste Trambahn zu erwarten sei. „Wohin wollen Sie?" fragte er. Ich erwiderte: „Nach Hietzing in die Neue Weltgasse. Ich würde auch zu Fuß gehen", fügte ich hinzu, „bin aber nicht sicher, in der Nacht den Weg zu finden." Da bot er sich an, mich zu begleiten, er sei Wiener und kenne den Weg in die Neue Weltgasse genau, er würde mir natürlich auch den Koffer tragen. Ich empfand in jenem Augenblick nur Freude über den glücklichen Zufall, der geforderte Preis schien mir auch angemessen, ich ging zuversichtlich auf das Anbot des freundlichen Wieners ein. Es lag noch Finsternis auf den Plätzen, als wir uns auf den Weg machten, und unsere Schritte hallten auf dem Asphalt durch die schlummernden Gassen. Mein Begleiter hatte einen federnd raschen Gang, und ich beflügelte meine Schritte ebenfalls so gut ich konnte. Wir begegneten keinem Menschen, die Millionen=stadt schien ausgestorben. Diese Einsamkeit bedrückte mich, und plötzlich begann Angst in mir aufzukommen. War es nicht zu gewagt gewesen, mich für diese nächtliche Wanderung einem Unbekannten anzuvertrauen? Ich suchte nach einem Gesprächs=stoff und fragte den Fremden, wie er die noch vor uns liegende Entfernung schätze. Er meinte, wir könnten das Ziel nicht vor Tagesanbruch erreichen, aber es sei ja Frühling und der Morgen würde heute ganz besonders schön sein. Es war Mai, und als er so glücklich von dem Anbruch des schönen Morgens sprach, ging auf einmal etwas beruhigend Menschliches von ihm aus. Alle Furcht in mir schwand, ich leistete meinem Begleiter sogar innerlich Abbitte.

Nun verblaßten auch die letzten Sterne, aus den Gärten tönte Vogelsang, in seiner ganzen Pracht zog der Frühlings=morgen herauf. Als ich — es mochte etwa 4 Uhr sein — in der Neuen Weltgasse 17 klingelte, wartete mein Begleiter, bis sich oben ein Fenster öffnete. Dann nahm er freundlich Abschied und dankte mir für den Lohn. Ich drückte ihm auch die Hand, und nun war mir auf einmal, als sei dieser Unbekannte, der mich so sicher durch die Nacht geleitet hatte, mir durch einen Engel gesandt gewesen.

Die sieben Jahre meines Lebens am Rudolfskai sind in der Hauptsache durch das Suchen nach einem Weg gekennzeichnet, auf dem der Wiederaufbau in der Arenbergstraße gewagt werden konnte. Ich schlug den Rat eines Architekten, Ruine, Stöckl und Grund zu verkaufen und mir ein kleineres Heim zu suchen, in den Wind. Sah ich doch noch immer die Tränen über Gertruds Kindergesicht rollen, als wir den großen Fehlschlag taten und das gute Haus in Zell am See verkauften. Damals hatte ich auch erfahren, was das Wort „Inflation" bedeutet. Deshalb beein=druckten mich große Kaufsummen nicht mehr.

So schritt ich also den Hindernissen, die ich, wenn auch nicht in ihrer ganzen Schwere, voraussah, entschlossen aber bange zugleich entgegen. Das erste und größte, das sich mir entgegen=stellte, war der Machtcharakter der Behörden, der die Geduld

eines Staatsbürgers mit immer neuen Verfügungen und Ver=
ordnungen auf harte Proben zu stellen vermag. Es fing schon mit
einer unnötigen Verzögerung von zwei Jahren an, nämlich der un=
berechtigten Verweigerung der Baubewilligung, weil man plötz=
lich fand, die Ruine stünde auf Geröll, während doch sogar
historisch bewiesen war, daß das Haus seit 400 Jahren auf Fels=
grund stand. Eine Ruine wäre dem Projekt Kapuzinerberg=
Tunnel natürlich weniger hinderlich gewesen als ein neugebautes
Haus.

Die Vorderfront des Hauses war aufgerissen, und wie ein ein=
dringliches Memento der Vergänglichkeit zog diese klaffende
Lücke schon von weitem den Blick auf sich. Immer wieder wurde
ich bestürmt, die erhaltengebliebenen oder zusammengeflickten
Räume provisorisch zu vermieten. Vor allem hauste Frau Anka
noch in Zimmer und Küche. Sie fühlte sich ständig beleidigt,
angegriffen, bedroht, bespitzelt und bestohlen und ging wegen
jeder Kleinigkeit zur Polizei. Diese ging damals in unserer
Bombenruine aus und ein, denn alle Bewohner gerieten schließ=
lich in Streit. Gegenseitiges Anzeigen war Trumpf!

Abgestoßen und bedrückt ließ ich mich in dem mir nun so
entweiht scheinenden Haus so selten als möglich blicken. Wegen
der fortgeschrittenen Baufälligkeit und der endlich erreichten Bau=
bewilligung mußte schließlich sogar Frau Anka ihre „Igelstellung"
räumen.

Der Krieg, den sie nun mit dem Wohnungsamt führte, ver=
zögerte unseren Wiederaufbau von neuem. Frau Anka mußte
nach unbeschreiblichen Mühen und gespenstischen Szenen delo=
giert werden. Daß die ihr zugewiesene, geräumige Wohnung in
dem Wirtschaftsgebäude über einem Stalle lag, empörte sie in=
dessen so, daß sie sich nach der Einweisung täglich mit Amts=
ehrenbeleidigungen und Flüchen am Wohnungsamt einfand,
dessen Leiter schließlich ihre Entmündigung beantragte.

Die Unglückselige starb einige Jahre später im Altersheim der
Dominikanerinnen und hinterließ als Schlußpunkt ihres schrullen=
haften Fühlens und Denkens ein Testament, das jedoch nie voll=
streckt wurde: ihr Leichenwagen müsse von Pferden gezogen
werden, denn mit Auto wünsche sie nicht auf den Friedhof
gebracht und dort auch nicht beerdigt, sondern eingeäschert zu
werden. Die Asche solle dann in unserem Garten ausgestreut

werden. Bei der Totenfeier solle „O du, mein Österreich" gespielt und ihr Grab 50 Jahre lang mit Blumen geschmückt werden.

In jene Jahre fiel auch Gilberts Hochzeit in Maria Alm, damals noch eine Perle in unserer Gebirgslandschaft, mit Maria, aus der Musikerfamilie Schwaiger und Schwester der unver= gessenen Rosl, der in Wien und später an der Münchner Oper so Beliebten, allzufrüh Abberufenen.

Ein Jahr nach dem frohen Fest, 1950, folgte, wie im Märchen, Gilberts zweites Debüt. Er hatte ja drei Jahre in der Dirigenten= meisterklasse bei Clemens Krauss gearbeitet, und so suchte ihn der musikalisch=charmante Hanns Schulz=Dornburg, damals Inten= dant von Salzburg, nach Anhören eines Mozart=Konzertes auf mit den Worten: „Sie sind der Mann, den ich für meine Eröffnung mit ‚Fledermaus' am Dirigentenpult brauche." Der einhellige Erfolg wiederholte sich mit Menottis „Der Konsul", der auch bei den Festspielen 1952 gegeben wurde, und führte Gilbert als Gastdirigent auch an das Teatro Colon nach Buenos Aires.

Mit dem Beginn des Wiederaufbaus kam eine ungemein sorgenvolle und bewegte Zeit. Die üblichen Überraschungen beim „Neubau" eines alten Hauses, der offenkundige Schaden durch die zwei Jahre hindurch verweigerte Baubewilligung erforderten Kämpfe, die nur schwer zu bestehen waren.

Daß das einst so spärlich besiedelte Kalte Baronhaus nach dem Wiederaufbau einst zu einem Familienhaus für viele Enkel und Urenkel werden würde, sagte mir damals noch keine Ahnung. Viele Umstände haben dazu geführt. War dies alles durch Zufall so gekommen? Ich glaube nicht an puren Zufall, ich glaube an oft sehr geheimnisvolle Zusammenhänge und Bestimmungen im Schicksal des Menschen. So mag es auch Goethe empfunden haben, als er sagte: „Sobald der Geist auf ein Ziel gerichtet ist, kommt ihm vieles entgegen, fremde Gedanken und Sachen entlaufen ihren Gefügen und eilen ihm zu."

Zweimal kam noch Bedrohendes auf mich zu. So plötzlich, daß es sich verlohnen könnte, zu erzählen: Wie ich eines Tages auf meinem Heimweg rasch zu laufen beginne, und wie mich am Mozartplatz ein bei den Windstößen hin= und herschlagender Fensterbalken trifft, so daß mein Kopf mit aller Wucht auf das Pflaster schlägt. Nach dieser Gehirnerschütterung lag ich wochen=

lang in einem verdunkelten Zimmer des Landeskrankenhauses und grämte mich über das tatenlose Liegen. Als ich aus dem Krankenhaus entlassen wurde, war ich auch daheim weder zur Arbeit noch zu vernünftigem Denken fähig. In tausend Meter Höhe würde ich rascher gesund werden, sagte Primarius Domanig und empfahl den Lungau. Dieser Vorschlag weckte in mir endlich ein Gefühl neuer Lebensfreude. Denn der Lungau war mir unbekannt. Er würde mir also nicht nur Heilung bringen, sondern mich auch durch die Schönheit und Stille seiner noch unberührten Natur beglücken.

Die Autofahrt nach Mariapfarr mit meinem Neffen Gustav, der im Lungau eine Jagd besaß, strengte mich noch sehr an. Hinter uns saß der Dackel, und sein Herr führte lebhafte Jagdgespräche. Selbst diese strengten mich an und noch mehr der jeweilige Hinweis des Neffen auf tödliche Unfälle und Abstürze, wie sie sich dann und wann an kurvenreichen Stellen ereignet hatten. An Kurven, die er nun selbst mit Höchstgeschwindigkeit zu nehmen pflegte.

Dennoch brach zuweilen ein Entzücken in mir durch über den Wald, weil ich ihn von innen schon lange nicht mehr gesehen hatte. Auf der Paßhöhe hielten wir eine kurze Rast; Gustav zeigte mir den im 16. Jahrhundert geweihten Tauernfriedhof mit den Gräbern der verunglückten Wanderer, die, von Lawinen begraben, vom Steinschlag und losgebrochenen Felsen zerschmettert wurden oder im Schneesturm, dem man in dieser schaurig wilden Einsamkeit in jeder Jahreszeit erliegen kann, umgekommen waren.

Während ich die verwitterten Kreuze betrachtete, ging ich durch diesen mich wie jede geschichtliche Vergangenheit geheimnisvoll beeindruckenden Gottesacker, der einst die „mansio in alpe" der Römer gewesen sein soll.

Nun ging es wieder aus 1750 Meter Meereshöhe bergab, dem 1200 Meter hoch gelegenen Mariapfarr zu, wo ich außerhalb der Ortschaft in Südlage ein Zimmer mietete und von meinem treuen Neffen dankbar Abschied nahm. Das Wohltätige der reinen Höhenluft, der tägliche Spaziergang auf einen bewaldeten Hang, die heiteren Septembertage, der mir so dunkelblau scheinende Himmel, wie sehr trugen sie zu meiner Heilung bei! Täglich spürte ich nun beglückt die rasch zunehmenden Kräfte.

Ich wollte den Lungau nicht verlassen, ohne den alten Markt Tamsweg gesehen zu haben. Zufällig war zur selben Zeit die mit mir befreundete Margarete Schaffgotsch dort, die später vier Jahre lang bei mir wohnte und damals mit ihren beiden Schwestern in dem Kuenburgischen Schloß eines Verwandten lebte. So saß ich denn an einem klaren Herbsttag, an dem sie mir die historischen Sehenswürdigkeiten des alten Marktes gezeigt hatte, mit ihr und ihren Schwestern in einem der hohen, hellen Räume des Schlosses beim Mittagessen. Ein Ausflug nach Schloß Moosham, den wir zu viert unternahmen, bildete nun den Ab=schluß meines Lungauer Aufenthaltes.

Die dort wiedergewonnenen Kräfte waren mir besonders nötig, denn immer noch gab es dies und jenes zu bewältigen, ehe das Haus „in neuem Glanz", doch in alter Form wiedererstand.

Am 5. Jänner 1951 nahmen zunächst meine beiden Töchter mit ihren Familien das nach so vielen Hindernissen behaglich geratene Heim in Besitz.

Die noch vier= und sechsjährigen Enkel Benedikt und Josef hofften nun, in eine goldene Zukunft zu schauen, „denn" sagte Benedikt, „ich bin sehr froh, daß nicht mehr Frau R. (deren Gunst er sich in Morzg wahrscheinlich durch Schlimmsein ver=scherzt hatte) unsere Hausmeisterin sein wird, sondern die Groß=mama!" Optimistisch stimmte Josef dieser Ansicht zu. Ihre um einige Jahre älteren Vettern Johannes und Andreas überlegten mit Sachkenntnis die Raumverteilung und zerbrachen sich liebe=voll den Kopf, wo denn neben ihren Familien (samt der kleinen Assunta) auch die Großmama noch Platz finden sollte. Vicki, die Tochter der alten Dora, die mit ihr das niedrige Kämmerlein bewohnt hatte, verdient es, daß ich ihrer noch dankbar gedenke. Sie hatte freiwillig und spontan auf das Wohnrecht verzichtet. Als aber in unserem Garten die sogenannten „Kriecherln" reiften, lud ich sie bei einer Begegnung ein, sich von den Früchten zu holen. Nun kam sie fast täglich und ging mit dem Ernten und Schütteln der Bäume vertraut um. Geruch und Farbe der Früchte oder der Glanz der leuchtenden Augusttage mußten Vergangenes der hier verlebten Jahrzehnte in ihr geweckt haben. Gewiß aber wie mit Zauberschlag ein heimeliges Gefühl, denn sie fragte mich plötzlich, ob sie nicht doch wieder in unserem Haus wohnen könne. Ich bot ihr die Hausbesorgerstelle an. Darüber hatte Vicki eine große Freude, die sich in der langen Wartezeit noch steigerte. „Einstehen möcht ich halt dann am Fest Mariä Ver= kündigung", sagte sie stets und dabei blieb sie auch und zog mit ihren wenigen Habseligkeiten nicht vor dem 25. März in das wiederaufgebaute Haus. Obwohl sie schon in vorgerücktem Alter stand, hielt sie alles musterhaft rein und war fast stolz auf ihren neuen Beruf, den sie ungemein wichtig nahm. Sie war primitiv und einfältig, besaß aber Anstand, Takt und eine gewisse Herzenskultur. Ohne Zweifel kam dabei ihrer schlichten Frömmigkeit eine große Bedeutung zu. Denn Wissen, Bildung und Zivilisation allein vermögen niemals echte Herzenskultur zu verleihen. Allerdings war sie wie ihre Mutter auch abergläubisch: So berichtete sie mir wenige Tage nach ihrem Einzug mit unver= hohlenem Schaudern, sie habe ein Rauschen gehört, und als sie Nachschau hielt, sei es die verstorbene Frau Anka gewesen, die vom ersten Stock über die Stiege heruntersrauschte. Es war ver= geblich, ihr das Erscheinen von Frau Anka als Traum oder Ein= bildung auszureden, denn ihre Phantasie bewegte sich mit Vor= liebe in einer Welt von Geistern und Gespenstern. Ende der fünfziger Jahre kam sie im 77. Lebensjahr durch eine Erkrankung immer mehr von Kräften, wurde pflegebedürftig und so blieb als letzte Leidensstation nur noch das Altersheim. Ich besuchte sie dort regelmäßig, brachte ihr ein Geldgeschenk und versprach ihr, dies zu tun, solange sie lebe. Dies würden später auch meine Kinder tun, fügte ich hinzu. Ich sagte dies, weil sie jedesmal betonte, für mich auch um eine glückliche Sterbestunde zu beten, „wenn's amol so weit is", drückte sie sich köstlicher Weise aus. Nun hört zwar niemand gern so oft von seiner „Sterbestunde" sprechen, aber ich nahm es mit Humor und erzählte es lachend meinen Kindern. Bei meinem letzten Besuch setzte ich mich wegen der im Heim herrschenden Grippe mit Vicki auf eine Bank im Freien und hörte mir geduldig die Klagen über ihre Zimmergenossinnen an. „Mei einzige Freud", sagte sie, „is, daß i waß, daß Sie jeden Monat kommen." Nicht lange darauf rief mich der Verwalter des Heimes an und teilte mir mit, daß Vicki einen Schlaganfall erlitten habe. Als ich mich noch am gleichen Tag anschickte, sie zu besuchen, war sie — nun im umgekehrten Fall von meinen Gebeten begleitet — bereits aus ihrem kummer= vollen Leben geschieden.

Ich habe im Jahre 1951 die letzte Interimswohnung am Rudolfskai verlassen, um nach jahrelanger Verbannung unser Haus durch das nun seitlich verlegte Tor wieder zu betreten. Obwohl Erinnerungen oft jahreszeitlich gefärbt sind, weiß ich nicht einmal, ob es in jenem Jahr Frühling, Sommer oder die Zeit der entlaubten Bäume war. Unser Leben ist ja, wenn wir es in der Erinnerung überblicken, wie ein Meer, aus dem nur da und dort deutlich sichtbare Inseln herausragen; doch weithin gleicht es dem Meer, dessen Wellen eintönig rauschend an uns vorüber= gleiten.

Nur ein kleines Zimmer behielt ich mir in der großen Wohnung vor, die ich nun Gertruds Familie überließ. Nach sechs Jahren gab die letzte mietengeschützte Bewohnerin das zu meinem Refugium ausersehene Stöckl frei. Jedes Jahr kommt mir seither der 25. Jänner in den Sinn, ein Datum, das im Kalender als „Pauli Bekehr" verzeichnet ist. So, als hätte es eine geheime Beziehung zu dem wieder zusammengefügten Altarbild in der zerstörten und von meinen Kindern wiederaufgebauten Kapelle. An diesem Tag bezog ich nämlich das wiederholt erwähnte, in alten Zeiten genannte „Stöckl". Nachdem ich jahrelang gesonnen, mit unzureichenden Mitteln gerechnet und gezögert, Entschlüsse gefaßt und geändert hatte, stand es, endlich bewohnbar gemacht, mit einem Zubau versehen und in drei Appartements eingeteilt, recht einladend da. Das eine behielt ich mir selbst vor, für die zwei andern mußten Mieter gesucht werden. Doch fiel das nicht schwer, weil es die anmutige Lage inmitten des stillen Gartens auf den ersten Blick anziehend machte. Einer der letzten Mieter war der Schriftsteller und Kunstexperte Dr. Siegfried Thalheimer. Ich habe ihm, wenn er, von seinem jetzigen Wohnsitz Seeon kommend, mich gelegentlich besucht, auch heute noch viel geistige Anregung zu verdanken.

Als wüßte man, daß ich die Künste liebe, wies man mir in der Festspielzeit oft Künstler zu: die Opernsängerinnen Miljakovic und Vera Little, die Bildhauer Hrdlicka, Lehmden und Claus Pack.

Die Jahrzehnte vergingen und nun bewohnen erwachsene Enkel die Räume neben mir. Als Ältester der sechs musizierenden oder theaterspielenden Kinder Gilberts und Marias (sie tragen die Namen Georg, Gabriele, Sebastian, Magdalena und Katha=

rina) kam Franzi, der einst den Wunsch äußerte, wenn er groß sei, ein Motorrad zu besitzen. „Ich sitz dann vorn und du in der Schachtel", sagte er, weil ihn der Beiwagen eines solchen Rades so entzückte.

*

So viele Beobachtungen an Menschen und charakteristische Erinnerungen an die letzten Jahrzehnte steigen noch in mir auf. Aber wenn ich versuche, mir über sie Rechenschaft zu geben, halte ich inne, denn ich bin müde geworden und eine gewisse Trägheit, in der Jugend verpönt, doch im neunten und zehnten Jahrzehnt nicht gerade erstaunlich, beginnt, mir hinderlich zu werden. Ich möchte am späten Abend, oft nur beschaulich vieles überdenken, mich in die vielen ungelesenen Bücher vertiefen oder — nun innerlich reifer geworden — die wichtigen, früher gelesenen noch einmal zur Hand nehmen.

Auch fange ich manchmal zu zweifeln an, ob es denn sinnvoll war, ein Erinnerungsbuch zu schreiben. Ob denn die in eine so umstürzend veränderte Welt hineingeborenen Enkel und Ur= enkel an den Erzählungen aus längst entschwundener Zeit noch Gefallen finden werden?! Als sie noch klein waren und ich, wenn sie zu Bett gebracht waren, als Vorleserin erschien, riefen sie mir oft entgegen: „Erzähl uns doch etwas von früher!" Sie baten mich darum so sehr, als wäre es ihnen noch wissenswerter als die Märchen, die ich ihnen vorlas. Es war dann immer ein Erlebnis für mich, das mir das Herz bewegte, wenn sie, so erregt lauschend, in ihren Betten saßen. Und so ist es vielleicht — nicht zuletzt angesichts der erschreckenden Niedergangssymptome unserer Gegenwart — doch ein richtiger Impuls gewesen, daß es mir eines Tages wichtig schien, den Nachkommen die Welt von damals, wie sie in meinem Leben ihren Niederschlag gefunden hat, anschaulich zu machen.

INHALTSÜBERSICHT

AM LUDWIG-VIKTOR-PLATZ

Erste Kindheit in Zell am See	7
Der Kriegsausbruch 1914	15
Unser Refugium in Zell	19
Alfred Kubin	21
Hunger und Inflation	29
Das Ende der Monarchie	32
Maria Mayer, die Hofburgschauspielerin	35
Hermann Bahr	39
Die „Promessi Sposi" von Manzoni	46
Alja Rachmanowa in Maxglan	49
Die ersten Festspielgäste	50
Auf Wohnungssuche in der Altstadt	54

17 JAHRE IM „LANGENHOF"

Die weiten Räume im „Palais Kuenburg"	60
Auf Zwickledt bei Kubin	61
Gilbert und die Musik	66
Franz und Lily Schalk	71
Othmar Spann	72
Baronin Erggelet und ihr Garten	75
Dietrich von Hildebrand	77
Madame Peyrebère am Nonnberg	78
Lisztschülerin Hermine Esinger	82
Fürsterzbischof Rieder und Max Reinhardt	85
Der Wunsch nach Licht und einem Haus im Grünen	87
Das entdeckte „Haus am Stein"	88

IM KALTEN BARONHAUS

Unheildrohende Vorzeichen 109
Der 13. März 1938 111
Der Tod meines Mannes 118
Bomben auf Salzburg und unser Haus 120
Kriegsende 1945 128
Wiederaufbau in der Arenbergstraße 138
„Pauli Bekehr" 1957 144
Rückblick im zehnten Lebensjahrzehnt 145

Sämtliche Abbildungen stammen aus dem Archiv der Autorin. — Das Bild auf dem Schutzumschlag stellte freundlicherweise das Salzburger Museum Carolino Augusteum zur Verfügung: der „Markt=Platz" um 1850, gezeichnet von G. Pezolt, heute Alter Markt. — Umschlagentwurf: Peter Schneider